科学做私域,恒心者恒产。

与每一位做私域的同行共勉。

私域资产

Private Domain Property

肖逸群 著

北京联合出版公司
Beijing United Publishing Co.,Ltd.

果麦文化 出品

目录

序言：一名连续创业者的创业之路 / 001
前言：你必须从现在开始重视私域资产建设的四个理由 / 017

第一章 私域五力模型

私域认知：五句话，一个公式 / 027
私域五力模型案例分析——以厂长发售私域创富圈为例 / 036

第二章 IP力

商业模式与IP定位 / 047
找准IP人设定位并长期变现的五个秘诀 / 054
如何让IP快速被识别、被记住 / 064
矩阵式打造IP和品牌的八大建议 / 072
IP力的评价标准及对应案例 / 079

第三章 加微力

如何做流量加微信 / 084

做私域，个人微信与企业微信应该如何选择 / 103

加微力的评价标准及对应案例 / 111

第四章 内容力

六种内容能力与核心三要素 / 117

做好短图文内容的十条心得 / 122

做好长图文内容的"2+1"思维 / 133

短视频爆款内容的八条心得 / 152

直播间转化数百万元的十一个心得 / 163

内容力的评价标准与对应案例 / 174

第五章 产品力

关于产品的六个重要认知 / 179

打造自有产品四步法 / 189

广告和代理加盟的三条注意事项 / 203

产品力从1到5分的评价标准及对应案例 / 208

第六章 运营力

私域运营的底层认知 / 214
私域四大成交运营系统 / 224
精细化运营四件套 / 240
运营力评价标准及对应案例 / 254

后记 / 260

序言：一名连续创业者的创业之路

想做私域的老铁，你好！我是私域肖厂长，这是我做IP、行走江湖的艺名。我的本名是肖逸群，星辰教育创始人兼CEO（首席执行官），"私域肖厂长"是我开始写书前一个月改的IP名字。

星辰教育是我第11次创业的成果。如果你想了解我全部的创业经历，可以在京东或当当搜索《肖逸群的创业手记》，里面记录了我——一个来自小镇的普通人，如何一步一步持续学习、持续犯错、持续迭代，从而改变自己命运，实现公司年营收6亿元。

"星辰教育"是我们的公司品牌，旗下有很多子品牌和产品：轻课、趣课多、极光单词、潘多拉英语、清新冥想等。

除此之外，我还有一些其他的头衔：福布斯30岁以下精英，胡润30×30创业领袖，经纬亿万学院二期学员，未来之星第六期学员，轻课创始人，机械工业出版社外语咨询委员会特邀专家……

而这些改变，都发生在短短的7年时间里。

7年前，我大学毕业第二年，在体制内做着一个平凡得不能再平凡的小职员。当时是创业最火热的时代。2015年，"大众创业，万众创新"的口号从中关村创业大街传遍全国，移动互联网的红利让无数有梦想和志向的年轻人投身创业，而大量的天使投资、VC（Venture Capital，风险投资），把成百上千万的资金像子弹一样，投给了优秀的创业者们。

跟大部分渴望财富自由的年轻人一样，我也想创业。但遗憾的是，我很难拿到投资，因为我既没有海归名校背景，也没有互联网大厂的光环，没有"大哥"愿意帮扶我。

当时我刚刚创业失败,而且是连续第6次失败。自卑和挫败感让我每天都在怀疑:这辈子是不是注定就这样了?

悲观者往往正确,但乐观者往往成功。

我及时调整了心态,收拾好心情。虽然我当时一无所有,但我有三个优点:爱学习、擅执行、敢破圈。

凭借着这三点,我从自己微信的300个好友开始,在7年时间里,靠裂变、内容和投放,积攒了3000万人的微信私域,一年变现6.3亿元,在北京养活了几百号员工。

那么,具体我是怎么做到的?

如果你对我的故事感兴趣,建议你花十分钟看完接下来这篇一万字的序言。如果你想直接学习干货,可以跳转到第17页,从《前言:你必须从现在开始重视私域资产建设的四个理由》开始阅读。

第11次创业:
我如何通过7年时间,把300微信好友做到3000万私域?

对,创立星辰教育,是我最近的一次创业。很幸运,我们活了7年,依然活得很好。

外界看星辰教育,会觉得我们出了很多不错的产品,所有业务都发展得很顺利,不断有第二曲线产生。但实际上,我们也经历了许多起起伏伏。

私域第一站:贸大校友汇

这次创业开局,跟大部分人一样,我只有300个微信好友。那时我还没有注册公司,没有团队,也没有启动资金,更找不到任何方向。

因为我当时实在想不出任何事情是只有我可以做,而别人不能抄的。我对闭环、变现，也没有太多认知，听到别的大神创业者说到盈利模式、发展规划之类的词，也都是徒有羡慕。

怎么破局？

我当时想，如果不能一开始就变现，那就先做有价值的事情吧，至少先做一件能够持续增长的事，做大了再说。

现在来看，这种想法是很典型的、没有挣过大钱的幼稚的创业想法，没能以终为始，提前思考变现闭环。但仔细想想，谁能够一开始创业就十项全能，直接跑通整个模式呢？

在这里，我要感谢当时的"鲁莽"。如果没有最初不计回报的投入，我也不会认识形形色色的之前从没机会接触的人，更不会拥有下一次转型所需要的资源。

回到正题。2014年春天，我通过新注册的一个公众号，写下了一篇一开场就在朋友圈裂变炸了的帖子。

我相信如我一般刚毕业不久的年轻人，对于"圈子""人脉"一定是饥渴的，而且当时是2014年，微信刚上线3年，还在不断渗透市场，扩大市场份额，当时大家手机里的微信群还很少。几乎所有人都把微信当作一个单纯跟好友聊天的软件，根本没想到可以通过微信实现圈层和人脉的快速链接。

我自己有链接校友的需求，我也坚信一定有很多人也有这样的需求。于是，我把贸大（对外经济贸易大学的简称，我大学就是在贸大读完的）校友去向最多的金融行业做出更细的分类，然后按照这些分类建了一系列微信群，譬如"贸大校友银行群"等。

接下来，我仔细斟酌写了一篇帖子，把这些微信群的二维码放在里面，告诉大家扫码就能进。然后我给这篇帖子起了一个非常"标题党"的名字："重磅！贸大金融类校友微信群开放加入！！"

把帖子转发到朋友圈之后，我就开始等待。

过了2分钟，有一个朋友转发。

接下来，又有一个！

再接下来，又有一个！

校友都蜂拥而至，而我建的群，每个都有小伙伴加入，人数越来越多，越来越多！

我开始在群里发欢迎语，并且不断引导大家加我微信。好友申请10个、100个、200个……我第一次感受到了微信裂变的力量，一天加了将近1000个精准的校友，加在了我自己新注册的一个微信个人号里，叫"贸大主页菌"。

我还记得那是一个周日的晚上，我忙得不亦乐乎。一边在群里引导，一边不断跟校友聊天，应对各种打招呼以及质疑的声音。

后来，我把这个社群取名为"贸大校友汇"，给自己定了一个IP身份，叫"校友汇主页菌"。

当时我担心兼职做这件事让单位的同事知道不太合适，所以一直都低调地做，并没有在线上披露自己的真实身份。

这件事情启动之后，我每天下午5点下班就骑着自行车冲回家，在房间里"继续上班"，忙得不亦乐乎。当时我经常忙到深夜，睡前还总在琢磨，如何加到更多校友的微信，如何更好地管理微信群，如何为校友创造更多价值……

在这个过程中，我发现，把造IP、做社群、加个人号好友、写公众号文章这些方式串联起来，就变成了"校友汇"。我觉得自己简直是天才，做得如鱼得水：

我运用裂变思维，多次组织裂变活动吸引更多校友加微信入群；

我挑选每个群的活跃校友做群主，长期经营与他们的关系，并创建一个群主群，自己来深度管理，并不断激发群主做线下活动，进一步增强校友的凝聚力；

我运营"校友汇主页菌"的个人微信，每天发三五条朋友圈，不断写公开信，来获得更多的民间和官方支持，每个校友我都会按照地域、行业、公司、毕业年份和姓名来更改备注，做好标签。

当时，根本还没有"私域"这个概念。但我所做的事情其实就是私域，也符合"用户精细化运营"和"发圈建信任"的私域管理思维。短短半年时间，我就把这个社群做成了一个庞大的网状校友组织：

— 两个个人号，拥有9000个好友，都是精准的贸大校友人群

— 接近100个微信群，覆盖2万校友，按照行业、城市、毕业年份精准划分

— 70多个校友群主，不拿回报兼职运营100多个微信群

— 5个人的核心团队，以及20个人的在校生执行团队

— 各城市平均每周3场线下活动，年终包下一家夜店办了一场300人规模的校友嘉年华

看到这里，你可能会问，说了那么多，你挣到钱了吗？

这也是让我感到非常扎心的一件事。我不仅没挣到钱（收入主要是线下活动，但基本也就收个场地费来覆盖成本），还往里面搭了不少钱，主要是买手机、买手机号、给团队发红包等，还有团队聚餐也需要自己垫钱。

别人也曾建议我，可以收个会费。但我总觉得这么做不够地道。

这是一次成功的尝试，但也是一次失败的创业。失败在于，最后我放弃了，因为两点：

第一，天花板太低，校友这个群体全部覆盖也就几万人。

第二，无法商业化，贸大校友这个IP不是我创造的，直接商业化也会让我被人不齿。

最后，我把所有的公众号、个人号资产，都给了我团队的其他小伙伴，让他们继续做下去，而我自己放下了一切，归零后开启一段新的旅程。

而作为一次尝试，它的成功之处在于，让我找到了下一个值得我投入的、不跟学校挂钩的、天花板更高的目标——思享空间，更让我找到了正式创业的合伙人、投资人。

当你想创业，但找不到明确机会的时候，运营社群往往可以成为一个开始。101名师工厂的创始人罩流星，一开始也是运营了一个抖音顶级知识网红的社群，持续一年时间，创造了很多的价值，也结交了无数人脉。因为大量的亲身感知，认识到这个行业有红利、有机会，便毫不犹豫地扎进去，短短数月就拿到了上千万元

的投资。

运营和维护一个免费社群，貌似没有直接变现，但一个组织者会因此更好地感知市场，感知最新动向，更快更准地找到下一个大的创业机会，表面是做公益，实际上他自己才是最大的获益者。

所以，我也给想挣大钱的你一个思路：找不到机会的时候，不妨从一个社群开始。

私域五力打分：IP力2分，加微力2分，内容力2分，产品力0分，运营力0分。（具体打分是如何打的，IP力、加微力、内容力、产品力、运营力分别是什么，这里先卖个关子，看完本书，你就会恍然大悟。）

私域第二站：思享空间

做贸大校友汇，是我人脉大爆发的一个过程。

我认识了很多优秀的校友，但苦于自己只是一个体制内的小职员，基本上没有跟对方合作的机会，所以这些人脉对我没有实质性的帮助。

当你什么都不是的时候，千万不要过分追求人脉，不要觉得我跟谁认识、加了微信、一起合了影，就能够怎么怎么样，这些都是"无效社交"。当下是一个非常现实的社会，自己强大了，人脉才会主动找到你，并且跟你产生"有意义"的链接。借用经纬中国创始管理合伙人张颖的一句话：自强则万强。

回到我的经历。在做校友汇半年之后，我一度厌倦了每天社交的日子，把自己封闭起来，不看任何群消息，不参加任何线下活动。有次还请了个探亲假，把自己关在房间，连续21天不出门，专心复习准备CFA（特许金融分析师）考试，把一级考了下来。

后来慢慢地，我把心态调整了过来，开始恢复正常的社交状态，偶尔会有校友约我喝咖啡聊天。

有一位记者背景的校友，写了一本与创业相关的书，想在学校内部做一次新书发布会。跟她聊天的时候，她想让我介绍介绍在校的学生会、社团，帮她来办这次发布会。

我印象很深，那天是2015年1月1日，正值元旦，时间临近考试周，在校生们都在疯狂复习。我跟她说，现在这样的活动在学校根本办不起来，一来学校不会批场地，二来学生们都在疯狂刷夜复习，三来对于创业类的活动感兴趣的人不多，大部分人都关心怎么找工作。我建议她直接放弃。

她有点沮丧。

但是，突然间一个灵感来到我的脑海。

我做贸大校友汇的时候，有几千名在校生也想混进校友的圈子（大家都很有危机感和圈层意识），但被我拦住了。我把他们统一安置在贸大在校生求职群中，等他们找到工作后，再把他们邀请进对应的行业群。这样的在校生求职群有十多个，每个200人，加起来基本可以覆盖一大半的在校生。

于是我跟她建议，可以用微信群来做一次"线上新书发布会"，让感兴趣的小伙伴直接扫码进群，不需要场地，而我可以通过十多个在校生求职群快速完成宣传推广，并且新书的购买链接也可以直接发到群里，感兴趣的人可以直接下单。

她有点将信将疑。我跟她承诺，交给我来办，保证有200个人进群来听！

她同意了。

那天我激动了一晚上，觉得在微信群做讲座，真是一个绝妙的点子。不仅效率极高，而且能在组织在线讲座的过程中加到很多好友，还可以通过讲座来筛选对特定话题感兴趣的小伙伴，实现精准推广。

另外，讲座的组织也无比轻松。嘉宾可以在任何地方，听众也可以在任何地方，大家不必来到现场，而微信和微信群也可以实现线下社交的需求。

就这样，我开干了。这一干就是半年！

思享空间的起盘、发展，可以写好几万字，限于篇幅，我在这里不多展开。概括来说，思享空间就是通过"内容+裂变"的模式，邀请嘉宾来做微信群讲座。如果你想报名，需要转发一次报名帖到朋友圈，就可以跟嘉宾同处一个微信群，收听嘉宾的微信群讲座。

我找了几个优秀的小伙伴作为核心团队成员，还找了20个在校生作为兼职成员，来共同运营每次讲座的个人号、微信群。我们做讲座的频次一开始是一周一场，后来变成每天一场。

在贸大校友汇时期，我在半年时间里做起了两个拥有近9000名好友的微信号和覆盖2万名校友的100个微信群。

而这次做思享空间，我在半年时间内积攒了40个个人微信号，每个号有数千好友，公众号一共涨粉40万，一共攒了700个微信群，覆盖数十万人。

这是一次成功的尝试，但也是一次失败的创业。失败在于，这次我依然没能通过思享空间实现商业化。这是因为思享空间只是一个社群，我们在不停地做活动涨粉、加微信，每天沉浸于增长的喜悦之中，但一直没有思考，应该如何做一个标准化的产品来变现。用本书的分析模型来说，思享空间的产品力为零。

而这次尝试的成功之处在于，我做了一件有着更高天花板的事情。自己创造了品牌，用自己研究的模式，而且我打败了大量蜂拥模仿的竞争对手，一直保持行业第一。最最重要的是，我通过思享空间找到了自己的合伙人，还获得了人生中第一笔百万元投资。

私域五力打分：IP力3分，加微力2分，内容力2分，产品力1分，运营力1分。

私域第三站：轻课、英语麦克风、极光单词、潘多拉英语、达芬奇好课、清新冥想

在获得来自校友的百万元投资后，我从体制内离职，全职投身创业。

思享空间当时已经有40万的粉丝体量，但是每个月不能变现。我们的思考模型，还是怎么不断涨粉、涨粉，3万粉丝的时候羡慕10万粉的公众号，到了10万粉，又想着能有20万粉多好……永远不满足，永远沉醉在增长的爽感里。

这也跟我们过去兼职的状态有关，有一份主业，拿着工资，自然没有太多的危

机感。等到拿了百万元投资开始全职创业，并且开始招募团队成员后，我开始有了压力。

而这时，我也在思考应该如何变现。变现的前提是要做一个产品，特别是付费产品。团队毕竟要活下去！

这是我私域运营的第三站。先说结果，这次我们成功了。而且我们从没想到，原来微信生态结合付费产品，用私域打法有那么大的红利！

我们在2016—2018年，连续推出了轻课、英语麦克风、极光单词、潘多拉英语、达芬奇好课、清新冥想等品牌。

每个品牌，我都是先想好产品是什么，如何结合微信做推广、运营、学习、裂变的闭环，在这个基础上再开始打磨产品。谋定而后动，知止而有得。

对于一个商业闭环而言，产品是1，运营、推广、内容都是0。我们必须先想好一个付费产品，所有的运营活动都围绕着这个付费产品展开，这样团队才会进入"正反馈循环"，做的每件事才会展示出价值，通过"打胜仗"，来实现团队最好的管理和激励。

在第三站里，我和团队曾不时停下来几个月，花费数百万元甚至上千万元，打磨出一个基于微信的付费产品。

在产品打磨期，我们花费了很大的成本，找优质名师和团队来设计、打磨好课程内容产品。产品上线后，还会持续打磨。内容优质，是后续产品得以持续传播、持续获得好评的关键。我们在这里下了足够的功夫和成本，才能在几十万学员学习后收获满满的好评，退费率不到1%。

根据本书后面提到的私域五力模型，我们这次总算弥补上了前两次尝试中的"0"得分项：产品力。而我们也尝到了产品力爆棚带来的硕果：学员的好评以及源源不断的现金流。

除了得益于产品短板的补足外，我们在私域的裂变、获客、加微方面也有长足的进步。整体而言，我们经历过三次重大的模型优化，分别是参数二维码邀请模型、微信群裂变模型和打卡裂变模型。

这个部分是干货。

第一种，参数二维码邀请模型。

这个模型的原理是，设置一个付费产品或者实物作为福利包，通过服务号的参数二维码生成功能，为每一个参与的用户生成其专属二维码。用户如果想要免费或者低价得到这个福利包，则必须邀请5个或不等人数的人扫码并关注公众号。而关注了的人，可能也会对这个活动感兴趣，进而进一步邀请朋友加入，这样实现私域用户的不断裂变增长。

我们多次使用过这个模型，并沉淀了大几十万的私域流量池。

第二种，微信群裂变模型。

这个模型的原理也很简单，甚至不需要技术开发就能实现。曾经有一个公众号通过微信群裂变的模型，用一张海报就做出了1000万的优质粉丝。

大概的原理是这样的：

同样设置一个付费产品或者实物作为福利包，一般是虚拟产品，譬如一个21天的读书计划，原价99元。在你关注了公众号之后，我们会让你进入一个微信群，在微信群里有工作人员跟你实时互动，欢迎你，并让你转发一个带有公众号二维码的海报到朋友圈。只要你转发并保留一段时间，或集齐几个赞，就可以免费获得这个福利包。

相比参数二维码邀请，这个模型有两点更有优势。一方面，在你进入微信群后，有工作人员欢迎你，这会有种亲近感，会让你感觉到被服务，从而有更强的转发意愿。另一方面，微信群里有不少人，所以陆陆续续会有人转发，并且会把截图发到微信群中，这可以很好地引发一波"羊群效应"——大家一看这么多人都转发了，会纷纷跟着转发。

这个模型我们也一直在使用，并且获得了数百万的私域流量。

第三种，打卡裂变模型。

打卡裂变模型的作者是我的朋友，他是国内增长圈顶级操盘手。在微信还处于田园时期的2015—2016年,他公司的业务就是帮创业公司做增长,很多公司一融资,就把融资款打到他的账户,让他帮忙做增长。

打卡裂变模型之所以强,是因为这个模型跟产品的结合如此紧密,增长如此稳定且持续,用户体验如此之好,以至于不仅企业营收有增长,用户也有实际的自我提升,在朋友圈掀起了一场"真·学习狂潮"。

这个模型的最大获益者是著名的公众号"薄荷阅读"。相信不少读者都在朋友圈刷到过"我在薄荷阅读读英文原著的第××天"这样的学习链接吧?这个小小的链接为薄荷阅读带来了数千万的粉丝体量,让它成为英语学习第一大公众号。

打卡裂变的模型不复杂。用户付费购买一个学习产品,注意这里不再是免费了,而是先付费。产品的价格一般不高,在99元到299元不等,消费决策成本低。付费后,只要你满足了一定的打卡条件,就给你寄送纸质书或者全返学费等福利包。而在这里,"打卡"的定义是完成学习并在朋友圈打卡,也就是转发对应的链接到朋友圈。一般来说,学习周期如果是100天,需要打卡80天以上,也就意味着在这100天里,用户几乎每天都在帮产品做宣传。当然,用户愿意传播的前提一方面是福利包,另一方面,转发这类链接也有助于用户建立积极向上、努力学习的人设。

我们的潘多拉英语和极光单词,就通过这个模型实现了爆发式增长。靠着这个模型,我们沉淀了上千万的私域流量到公众号和微信个人号。

打卡裂变的模型,在2019年5月13日(我至今仍清晰地记得这一天)被微信封杀,微信官方不再允许以这种模型做增长。

我十分理解微信的决定。因为虽然是用户自发分享,但这样的规则设置,本质上是"诱导分享"的一个变种。

另外,任何"诱导分享"的模型,也都会以"用户耐受"作为终局。前几年,还经常看到有人转发参数二维码和微信群裂变的海报到朋友圈和微信群,而如今,这样的转发越来越少。为什么?因为用户已经审美疲劳,不愿意转发了。

幸运的是,在每一个裂变模型中,我们不仅完成了公众号粉丝的增长,还把数百万付费学员都导入了我们几千名班长的个人微信号当中,形成了一份庞大的私域资产。而靠着在私域的快速增长和精耕细作，我们在2019年实现了4亿元的年收入，即使到2019年下半年，我们不再通过任何裂变模型增长，依然实现了稳定的月流水。这便是私域资产的巨大价值。

这是一次成功的创业，但也带有或多或少的遗憾。

成功在于，我们团队终于看到了产品的重要性。不再痴迷于毫无意义的用户增长，而是先打磨好产品，把课程产品的内容、教研、服务打磨到极致，再开始相关的私域裂变、引流、转化动作。补齐产品力的短板后，我们也终于实现了营收的快速增长，月流水达到了3000万元的量级。

遗憾之处也有很多。

第一，没有以"大IP"来做流量的统一沉淀。我们把几百万的私域流量沉淀在几千个不同的班长微信中，每个人自由发挥、自主运营，导致大量的流量最终被浪费。

第二，只盯着"用户的单次变现"。同时也因为IP力的缺乏，优质的流量只转化了教育学习类产品，而没有转向用户生命价值更高的电商类产品。同一时期起来的拼多多，也是靠着各种"砍一刀"这样的微信裂变策略一跃而起，截至目前已成为估值2000亿美金、仅次于阿里的电商巨头。

第三、第四、第五……

其实，当你发现了更多、探索了更多、获得了更多之后，你一定就会知道，你错过的、你不知道的、你搞砸的也更多。这些是我过去踩过的坑，希望能够帮助你科学、系统、有框架地认知私域，科学创富，这也是我写作本书的目的。希望本书正文部分的私域资产五力方法论，可以更好地帮助到你。

私域五力打分：IP力3分，加微力2分，内容力2分，产品力2分，运营力1分。

私域第四站：星辰研究院、趣课多与星辰教育

在公司2018年开始实现每月上千万元的收入后，我有一个很重要的收获：**在商**

业世界，**不能只盯着自己，或者只盯着用户**。一定要打开自己的视野，要去了解你的竞争对手，他们在做什么尝试，跑通了什么新模式，在低调地放量增长。

爱学习，擅执行，更要敢破圈。一定要尊重你的对手，他们大概率比你更聪明、更厉害，更加有可能比你做出更好的产品，找到更好的模式。

为了研究市面上正在发生什么，对手们都在干什么，我在公司内部成立了"星辰研究院"，对内招募学员，来专门学习和研究市面上哪些产品及模式正在不为人知地增长。

到2021年为止，我已经组织了六期研究院，每期持续四个月到半年。我们会研究10～20个市面上捕获的优秀案例，一名调研员会深度体验整个产品，找到对应的数据，最后制作一份调研报告，提升我们的认知。

而公司核心的操盘手，也会把自己操盘项目的一些经验分享给研究院的学员们。我还会自己研发一些商业必修课，把我作为一名操盘手的思维模型，教给研究院的学员们，大家相互学习和启发。

在打卡裂变模型被微信封杀前，我们团队内部其实意识到，这个模型的增长太过依赖用户的转发。

而在2018年年底，研究院的一次内部会议中，我们发现一家公司的投放量剧增。打听了一圈，发现大家都不信这家公司有如此快的增长，但继续观察一个多月后，它的投放量依然在增加。

于是我们决定向这家公司学习：公司内部开始研发趣课多项目。

这个项目从立项到上线，我们累计投入了上千万元来做团队搭建和产品开发。到2019年12月，趣课多月流水破千万元。

而就在2019年12月，公司整体也实现了一次品牌升级，品牌从"轻课"升级为"星辰教育"。这个名字或多或少有"星辰研究院"的影响。当然，影响更深的则是我自己在团队微信群备注的一段话：星辰大海，使命必达。

2020年，趣课多已经成为公司的主力营收来源，而我们过往沉淀的私域流量，也为趣课多贡献了不少的营收。

趣课多的模型就是双师大班直播，通过投放各平台——信息流、抖音、微信公众号等——来获得流量，再将它们转移到微信私域做精细转化，带来收入，形成商业闭环。凭借"投放+自有的流量"，我和团队通过微信私域在2020年整体变现超过6亿元。

到第四站时，我们团队对私域的理解更加深入。私域资产的五个能力，方方面面我们都基本具备，特别是趣课多签下的多位超级名师，极大地加强了IP和内容能力。

这是一次成功的尝试，但依然有些许遗憾。

成功在于，我们意识到了裂变带来的危机，也快速通过内部星辰研究院的机制，形成了对新机会的嗅探，并快速跟进，在组织内部长出了第二曲线，进一步增强了我们私域的规模加微、规模运营能力。

遗憾在于，投放的增长是双刃剑。增长可能让你痴迷于营收的快速增长，但如果产品本身不具备长期品牌沉淀的可能性，那么这种增长也会极大程度让公司置身于风险当中。任何投放都存在红利，当对手开始一拥而上，红利逐步消退，可能就快进到覆灭的开始。

而接下来，我继续开启了新的征程：做创始人的个人IP。本书，也是我做我个人IP的一个重要里程碑。

私域五力打分：IP力1分，加微力5分，内容力1分，产品力3分，运营力5分。

我为什么要写这本书？

作为一名连续创业者，以上就是我最近7年的创业生涯中做私域所经历的4个不同阶段。

我是幸运的。因为我在很早就潜移默化地形成了私域的意识，并一直把流量沉淀在私域，每次都能够让私域成为我下次转型的新起点。

幸运的同时，也有一些小遗憾。在创业的过程中，我听到过太多关于挣钱、做流量的描述，这些描述只关注一个点，为了吸引注意力而夸大其词，有失偏颇，譬如，要做私域把裂变做好就行了，等等。我自己曾深受其害，走了很多弯路，有的时候损失的不仅仅是几百万元的学费，更是永远不能再回来的时间窗口。

有一本书叫《学哲学，用哲学》，我非常认同这本书里的一句话：所有人成功的原因只有一条，那就是自己的主观认知有意识或者无意识地符合了客观规律。

有些人听完，可能会觉得这是一句废话，但我听到这句话时，仿佛被击中了一般。我联想到自己创业成功与失败的经历，为什么会选择做私域和能够做到现在的成绩，不由得想说一句：这句话太妙了。

我非常喜欢物理学，也喜欢简约而有条理的物理公式，不管是相对论、量子力学或者其他，看到那些美丽的公式都会让我有一种安宁感：它就在那里，它被我们描述了，它好美。

如果能够把商业世界的客观规律，也像物理公式一样来描述，那是多么美好的一件事。

在做了7年的私域之后，我把自己做私域流量和私域资产的思路，总结成了5句话和1个核心公式。我试图把私域资产的底层逻辑，通过这些简单但精练的模型概括出来。

希望通过我的努力，能够给每一位想做私域的企业主、KOL（关键意见领袖）和创业者，都提供一个系统性的思考框架。只有当我们更接近客观规律时，在面对复杂多变的世界时，才能够获得更多的确定感，心里更会多一份真正的安全感。

写书的过程，是我自己回顾过去7年做私域，思考、复盘、总结、输出的过程，是把复杂的经验框架化、体系化的过程，我自己也受益匪浅。

在编写本书的过程中，我的团队成员何婷婷、王成磊、袁苏芳、谭泽兴等，共同参与了本书的相关工作，为我的创作提供了翔实的素材案例。

同时，本书也得到了众多私域操盘手的支持，他们为本书的创作提出了非常多优质的意见和建议，有些还把自己的案例整理好发给我，供我写书参考。

本书的创作，也是我与众多私域大佬交流、切磋的过程，在此一并感谢！

最后，借用我在波波《山顶牛人兵器库》里读到的一段金句，与你共勉：

很多人都在追求安全感。安全感就是一种稳定感，比如说，你有一家公司，你有多少钱，你有一个永远不会出轨的伴侣。如果你把这些东西作为安全感的话，其实是非常不牢固的。因为它很容易瞬间崩塌掉，你只有把安全感建立在自己不断成长，不断地感悟到的一些新的东西上面，你的安全感才会越来越强，这样，你就会敢于放弃一些在别人看来可能必须牢牢抓住的东西。

这里奉上我的个人微信号。我会在朋友圈不定期同步我自己关于私域的理解和私域的最新打法。作为本书作者，我与你通过文字认识，便是一种缘分。既然书的名字叫《私域资产》，那咱们就加个好友，互为私域吧。

私域肖厂长

2021年2月14日

上图为知识点PDF文档的样图。这份文档是高清版本，有10MB大小，可以直接打印成海报。

如何获取？你可以扫下方二维码，添加我的微信，发送关键词"私域五力地图"领取。

同时，在这份知识点地图文档之外，厂长还会一并送给你这几份文档：

★《个人微信和企业微信优劣势汇总》（保持更新）

★《厂长视频号团队协作文档》

★《私域创富圈——口播文案宝典》

厂长建议你在领取这些文档后，保存到电脑，或者用A3及以上大小的纸张彩印出来，然后对照本书阅读，相信你一定会更好地吸收本书的知识。

另外，厂长每天发5~10条朋友圈，不少都是私域的干货和情报，希望能与大家在私域共同成长。

你的朋友　私域肖厂长

Private Domain Property

厂长精心为你准备了一份
诚意满满的礼物

嘿，本书有很多体系化的知识。我整理了一份《私域五力模型知识点地图》PDF文档，是本书所有重要知识点的合集。

前言：你必须从现在开始重视私域资产建设的四个理由

如果你现在想做私域，但还有一些摇摆，那么建议你一定要看完这篇前言，我有四个理由来说服你，立马开始做私域。

如果你现在很笃定要做私域，那么依然建议你先看完这篇前言，因为你永远想不到，对个体和公司而言，私域资产会如此重要。

这四个理由，都是基于不可逆的趋势。时代趋势浩浩荡荡，顺之者昌，逆之者亡。

互联网流量价格只会越来越贵

这是一个不可逆转的趋势。

在过去的十年，做互联网的公司和个体享受到了一波前所未有的红利：移动互联网。这波移动互联网红利之风刮了十年，造就了腾讯、阿里巴巴、美团、字节跳动、快手等大企业，这些大企业的超级App如黑洞一般吞噬着线下，也吞噬着其他所有App的流量。

下面是中国互联网广告市场规模变化图：

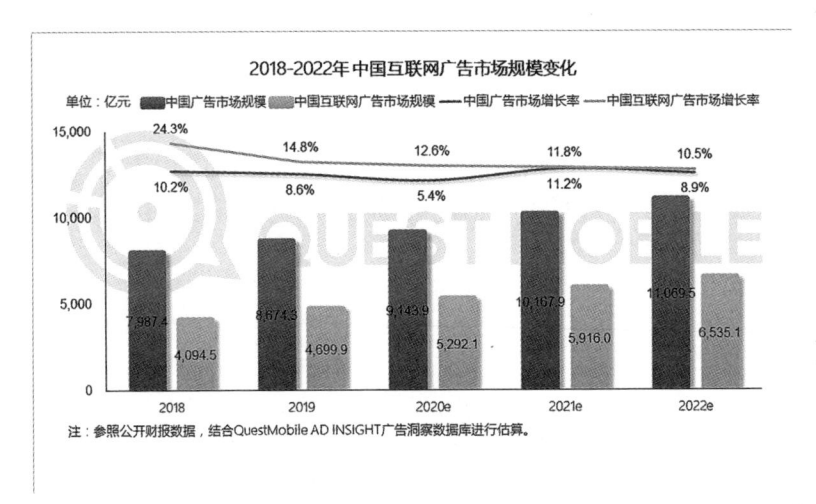

2018-2022年中国互联网广告市场规模变化

单位：亿元　■中国广告市场规模　■中国互联网广告市场规模　——中国广告市场增长率　——中国互联网广告市场增长率

年份	中国广告市场规模	中国互联网广告市场规模	中国广告市场增长率	中国互联网广告市场增长率
2018	7,987.4	4,094.5	10.2%	24.3%
2019	8,674.3	4,699.9	8.6%	14.8%
2020e	9,143.9	5,292.1	5.4%	12.6%
2021e	10,167.9	5,916.0	11.2%	11.8%
2022e	11,069.5	6,535.1	8.9%	10.5%

注：参照公开财报数据，结合QuestMobile AD INSIGHT广告洞察数据库进行估算。

（数据来源：QuestMobile AD INSIGHT广告洞察数据库，营销研究院，2021年1月）

中国互联网广告收入逐年上涨，而各大巨头在抢占用户流量的同时，也占有高达95%的互联网广告营收。以下是腾讯、字节跳动、阿里巴巴这三家巨头的广告收入增长曲线图：

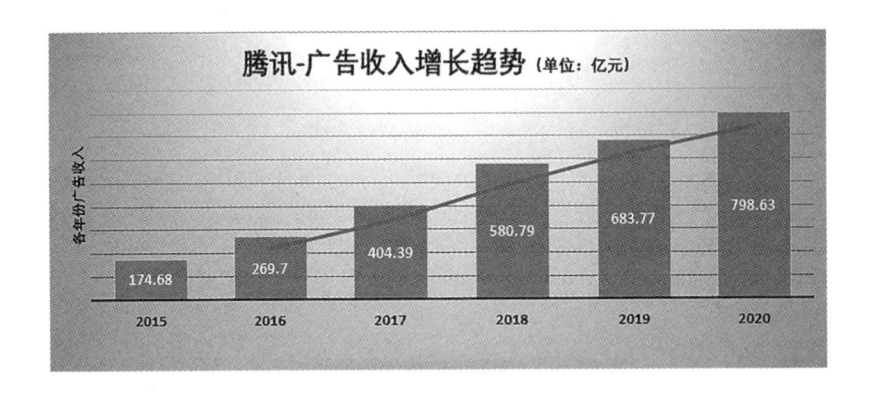

腾讯-广告收入增长趋势（单位：亿元）

年份	各年份广告收入
2015	174.68
2016	269.7
2017	404.39
2018	580.79
2019	683.77
2020	798.63

（数据来源：腾讯官网财报。其中2020年为估值，保守估算第4季度同比增长10%）

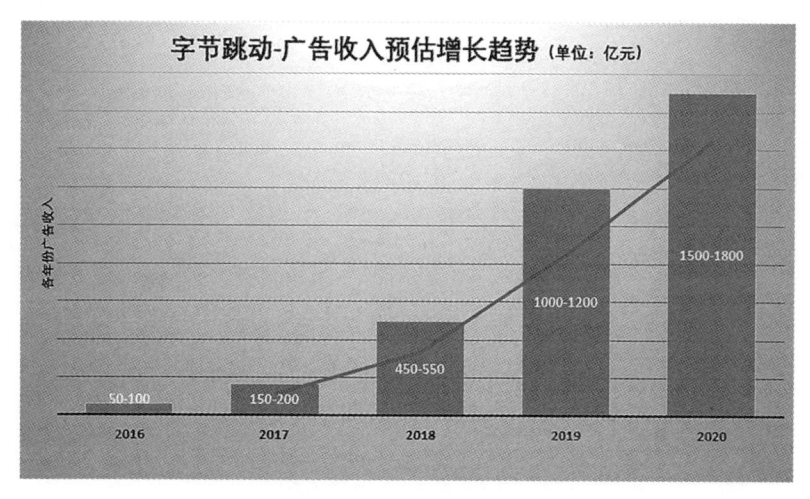

字节跳动-广告收入预估增长趋势（单位：亿元）

年份	广告收入
2016	50-100
2017	150-200
2018	450-550
2019	1000-1200
2020	1500-1800

（数据来源：根据公开稿件整理）

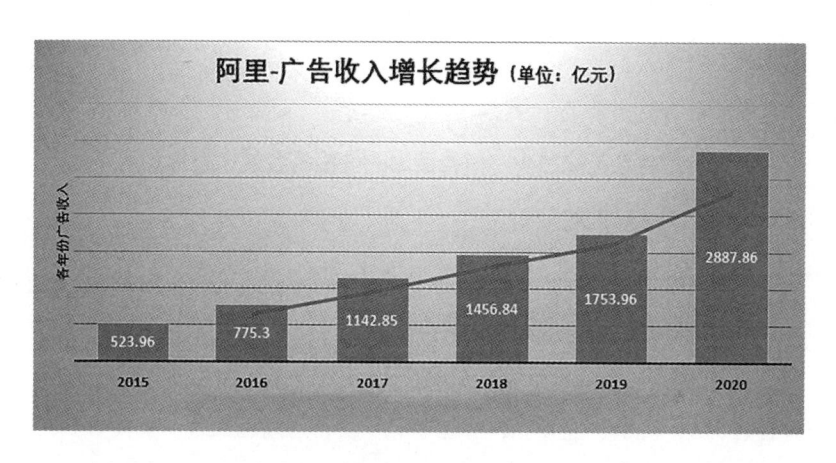

阿里-广告收入增长趋势（单位：亿元）

年份	广告收入
2015	523.96
2016	775.3
2017	1142.85
2018	1456.84
2019	1753.96
2020	2887.86

（数据来源：阿里历年财报。其中2015—2019年仅为财报中的客户管理费用；2020年为包含佣金在内的估值，保守估算Q4同比增长2%）

羊毛出在羊身上。这几家巨头的广告收入每年都在以50%的速度增长。即使在中国用户数以及用户总时长停止增长的2019年，三大巨头的广告收入依然在迅猛增长。

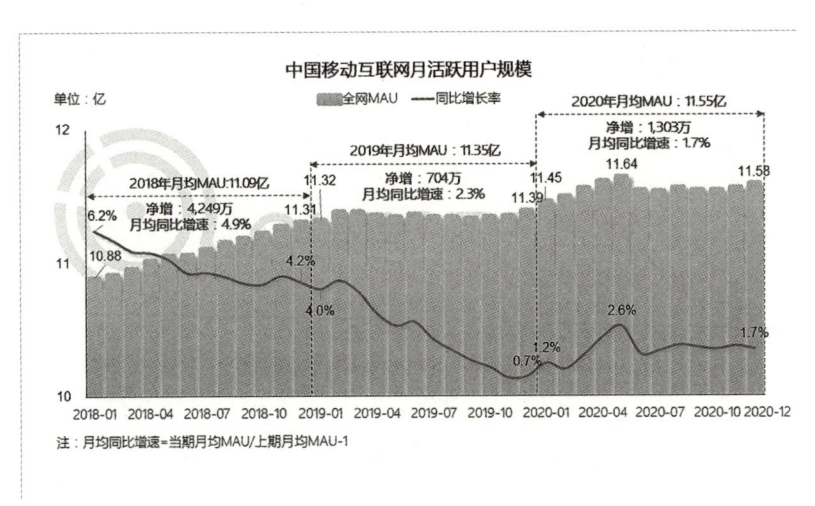

（数据来源：QuestMobile TRUTH中国移动互联网数据库，2020年12月）

可以预见，这种广告收入增长的趋势，在未来的5～10年依然会长期存在。为此买单的，依然是各行各业的企业。

未来，流量洼地将会越来越少，付费买量的价格将会越来越高。

而这是一个不可逆转的趋势。

通过内容获取流量耗费心力且不可预测

在抖音、B站、快手、视频号、小红书等平台，通过输出优质的内容获得平台的推荐，从而获得流量，这是一种我非常赞同的获客方式。

原因在于，内容的获客杠杆极高。很多KOL（关键意见领袖）主导的小团队，可能只有几个人，但是可以做到每月数百万元的营收。

我大学同学、多年好友刘媛媛，通过自己强大的内容能力，在抖音和快手获得了上千万的粉丝，并且每天持续直播6小时来卖书、卖课、卖产品，每次直播间的在线人次达几十万，单场直播交易额在几十万元到上百万元不等（这些数据来自抖查查等公开渠道），而刘媛媛的团队只有几十个人。这是最适合个体和小团队创业的模式。

说完了优点,接下来说一说这种模式的弊端。

第一,内容的"不可能三角"。做内容的人都知道这个"不可能三角":高产、爆款、原创这三个要素,不可能在一个人或者一个团队里全部出现。一个内容团队,一年能原创一篇文章或一个爆款视频,引发现象级的传播,就已经是非常值得庆祝的事情了。而大部分高产而又有不错的传播量的团队,要不就是在蹭热点,要不就是把别人的爆款进行改编,从而获得相对稳定的流量。

第二,创始人与内容生产的深度绑定。一般在这样的团队中,创始人就是内容能力最强的人,CEO就是首席内容官,内容驱动所有。而创始人也无法把内容从自己身上完全剥离,交给别人来做。**持续做内容,是一件非常"耗费心力"的事。**

第三,竞争日益加剧。随着内容创业者的增多,内容的竞争还会不断加剧,因为现在的内容分发方式越来越"不可预测"。站在平台的角度,从公众号到抖音、B站的变迁,就是一次平台流量分配底层逻辑的变化。

在抖音等公域流量占主导的平台,"粉丝数"更多代表着过去流量能力得到的"认可"或"勋章"。而如果内容不好,一个100万粉丝的账号,跟一个1万粉丝的账号,可能播放量差不了多少。

这种情况在微信公众号是不可想象的。这代表了什么?

代表着新的平台永远在"打破阶层","去中心化"永远让内容生产者"必须产出高质量作品"才能够拥有流量。如果内容质量稍微下降,再多的粉丝也不能保证作品数据一定高,粉丝数就没有任何意义。

这对平台是一件极好的事情,但对内容生产者而言,内容的流量变得不可预测。

而且,平台的算法一直是一个"黑盒"。比如,平台想推Vlog(视频网络日志)的时候,与之相关的内容参数可能有利于上热门,而如果平台想推长视频,对相关的算法参数做了修改,那么其他类型的内容制作再用心,也没有流量。

这种不可预测性,也让算法驱动的新平台如抖音、B站、快手,牢牢地掌握了流量分配权。表面上是内容生产者通过平台获客,本质上是平台把内容生产者变成了一个个内容前台工作室，不支付任何底薪，凭借强大的算法中台，牢牢地指挥内容生产者为平台打工。

当然，这么说可能有些过了，因为的确也有约0.1%的内容生产者，钻研算法、利用算法，获得了大量的流量和收入。**但对绝大多数内容生产者而言，内容数据的不可预测是悬在每个人头上的达摩克利斯之剑。**

尽管有这两个弊端，但通过内容获取流量依然是目前最适合个体和小团队的增长模式。不过，我在这里建议所有的内容团队，在全身心做内容的同时，也要重视私域资产相关的建设。这件事情可以让你建立起自己的长期的生命线，把"内容流量"变成"内容留量"，只需要留意引导，就可以事半功倍。

怎么做？本书的"加微力""内容力"篇章，将告诉你答案。

认清现实：你的对手都在做私域资产

我从2014年开始做微信私域。

当时其实还没有"私域流量"这个概念，做这件事出去融资的时候，我都不好意思跟投资人说，因为同时期大部分创业者都在做App创业，可以获得更多投资人青睐，以及更高的估值。

过了5年，我和团队依然把重心放在微信，不断积累私域资产。这时候我们发现，5年前同时期拿了融资做App创业的团队，大部分都败了，而且败得很惨烈。

因为很多App光有下载量，看起来坐拥几百万的用户，但是可能还不到1万的每日活跃量。这种资产，连卖都卖不出去。

慢慢地我发现，很多当年做App创业的团队，也纷纷来做私域。到2018年，"私域流量"这个词彻底火了，而2020年年初的疫情，更是让许多传统行业的公司意识到在线客户关系的重要性，纷纷投身到私域资产建设大军中来。

这是一场"军备竞赛"。当一个行业都在把流量、客户沉淀在私域，进行精细化运营的时候，如果你还在等待，那么最终，你将慢慢被时代无情淘汰。

你可以说这是一种内卷，但这就是事实，也是不可逆的趋势。

基于个人IP的私域资产将相伴终身

商业模式都有生命周期。

如果你想创业但是还没有创业，可能你不能理解这句话。

如果你第一次创业就创业成功，恭喜你，但可能这句话你也不是特别有感触。

但如果你是一名连续创业者，相信你对这句话一定深有体会。

《三体》中有一句话：给岁月以文明，而不是给文明以岁月。长远来看，所有商业模式都会死掉的。在中国，七成企业活不过1年，而公司的平均寿命是3年。

马云说，要把阿里做成一家能够活102年的企业，这样就能跨越3个世纪。以前我觉得这个也不难吧，直到自己创业才发现，这真是一件太难太难的事情。也许你会说，某某公司就活了十多年，还有谁谁都活了五十多年了。这都是幸存者偏差。很多你不知道的同时代的大部分公司都消失掉了。

我自己是一名连续创业者，在这次创业之前，经历过6次创业失败。而这次比较幸运。公司创立已有6年，这期间，在业务上经历了4次大的变化，累计做过20多个项目，最后只有四五个活了下来，实属不易了。

风光背后，都是一将功成万骨枯，这才是商业常态。毕竟挣大钱的背后，都是与风险共舞。

在经历多次新项目失败之后，在2020年新冠肺炎疫情期间，看到太多创业者朋友的业务毁于一旦后，我开始从一个不愿意站出来、只想闷声做项目的幕后操盘手的角色中走出来，走向台前，做起了自己的个人IP。

虽然疫情防控对我们在线教育行业是一个利好，但谁又能保证，未来一定不会发生其他黑天鹅事件，让公司的业务陷入困境呢？创业是一条不归路，适应了创业的心态后，就很难接受再回去打工。

这是我坚定地走向台前的原因。因为创业就是一场修行，是一个不断发挥自己优势同时克服自身弱点的过程。

马克思说，人的本质是一切社会关系的总和。 能够让人持续关注、持续上瘾的，一定是"人"本身。

基于以上的认知，我很早就建设起公司的IP私域资产，以及最近开始建设的我个人的IP私域资产。我会把所有的用户跟公司的关系，所有朋友跟我的关系，都沉淀在我的私域，精心运营、打理，让它成为伴随我一生的资产。

你可能会说，微信朋友圈我看好多人都关闭了怎么办？我来分享一下数据，这个数据是我在公众号"微信公开课"上专门查阅的。

2019年1月，微信创始人张小龙在年度公开课里提到：**现在每天有7.5亿人进入朋友圈。**

2020年1月，张小龙的公开课没披露朋友圈的数据。

2021年1月，在微信公开课里，张小龙分享的数据是这样的，每天：

有10.9亿用户打开微信，3.3亿用户进行了视频通话；

有7.8亿用户进入朋友圈，1.2亿用户发表朋友圈；

有3.6亿用户读公众号文章，4亿用户使用小程序；

……

从每天7.5亿人到7.8亿人，两年时间，就在我们抱怨说朋友圈没人看的时候，打开朋友圈的人数不降反升。

有人可能还会说，万一再过个10年、20年，微信被其他App替代了怎么办？我想说，微信是熟人即时通信和社交的工具，微信这款App存在了10年，但是人和人的关系已经存在了上千年，因为人是群居动物，人的价值也必须通过人的社会性才能体现。

也许，微信可能在几十年后被其他工具替代，但只要你有足够的私域资产意识，到时候再把流量导过去便是。而且我相信，更高效工具的出现只会让你所积累的私域资产爆发出更大的价值。

私域资产是一种思维，是互联网虚拟世界的"旺铺房产"。

在我写这篇前言的此时此刻，中国互联网企业的总市值已经超越了房地产，并且互联网未来的路还很长。而现在开始用心打造私域资产的个体和公司，也将跨越商业模式的生命周期，把自己的个人IP变成社会关系网中的超级节点，在几年甚至几十年的时间维度里，拥有比别人更领先的机会和优势，获得私域资产的终生回报。

基于人的社交关系外显化、工具化、平台化而形成的私域资产概念，也是一个长期不可逆的趋势。

看到这里，你还在犹豫要不要做自己和公司的私域资产吗？

接下来，我们进入正题。我将通过五句话和一个公式，手把手带你上手打造自己的私域资产。

私域肖厂长
2021年2月16日

第一章

私域五力模型

私域认知：五句话，一个公式

本章节，我们一起来了解什么是私域，什么是私域流量，以及该怎么来做私域。

关于私域，厂长经常听到各种各样的语句和定义。很多都是有失偏颇的描述，表面看上去像是"绝世武功"，但经过时间检验，最后还是沦为偏方和花拳绣腿。

我结合自己做私域七年的认知，并请教多名各领域的私域大佬，总结了五句话。这五句话，厂长更希望你把它们当作私域认知的"军体拳"口诀，让你对私域建立起一个系统的认知。

这一章，我们只谈认知。认知到位了，后面的操作都迎刃而解。五句话、一个公式，建议反复默念，理解背诵。照着执行，私域一定有起色！

私域第一性原理

私域第一性原理：长远而忠诚的客户关系

"私域流量"这个词在2018年被造出来，并且迅速引爆全网。创业者、流量圈、市场人员、投放人员曾经对"沉淀在微信精耕细作的自有流量"这一复杂概念苦寻良久，但一直没有找到合适的词贴切表达，直到"私域流量"应运而生，并迅速被大家接受，历经3年时间，热度依然不减。

2020年8月12日，腾讯在发布的Q2（第2季度）财报中首次提到了"私域"这一概念，通过一句话给出一个直击本质的定义，以及对未来市场的预判。在财报的"业务回顾与展望"部分，腾讯写道：

我们认为，微信生态正重新定义中国的网络广告，令广告主可在其私域，例如公众号及小程序，与用户建立关系，使其投放可有效维护长远而忠诚的客户关系，而非只是单次交易的广告投放。

这段话不愧是官方描述，厂长不得不佩服。

"第一性原理"可以理解为事物的本源、最基本命题或假设，不能被省略或删除，也不能被违反。私域第一性原理，就是私域的本质，就是长远而忠诚的客户关系。

这句话有三个关键词——"长远""忠诚""客户"，分别代表了私域的三个属性：长期属性、排他属性和付费属性。

长期属性，指的是跟客户的关系留存时间超长。目前来看，任何平台的留存都不如微信，特别是微信好友。

排他属性，指的是客户在长期被你影响后，有相关需求时会不加考虑地在你这里下单。这既要产品优秀，又要能够通过私域保持良好的客户关系，才能给客户带来持续的满意体验。因此，私域非常重要的一个用处，就是促成复购。

付费属性，指的是私域是种商业行为。私域最后的目标指向，都是带来购买、交易，以及长期的LTV（Life Time Value，生命周期总价值）。私域的维护成本很高，没有付费根本没法维持。

我们后续所有的第二、第三、第四、第五句话，以及一会儿要给你展示的私域核心公式，都来自这句话。也就是说，在整个私域的世界，所有私域的动作，我们每天忙碌的目标，都是在构建"长远而忠诚的客户关系"。一生二，二生三，三生万物。

长远而忠诚的客户关系——再次建议你背下这句话，反复品味，仔细品味！

私域两大阵地

私域两大阵地：个人微信和企业微信

前面我们提到，私域的本质是长远而忠诚的客户关系。

那么，我们应该在哪里沉淀和维护客户关系？

这里要提到两个新的概念：广义的私域和狭义的私域。

广义上来说，微信个人号、企业微信、公众号、微信群、抖音、快手、微博、B站……这些都可以做私域，一切能够跟用户产生链接的平台都是私域，因为它们都能用来做客户关系的维护。

而狭义的私域，就是指个人微信号或企业微信号的好友，公众号和微信群甚至都不能算。

个人微信和企业微信，这两个阵地为什么这么重要？

在这两个阵地中，都是直接与用户个人微信链接，而用户的个人微信每天使用时长、好友关系链、群聊、直播等基础设施是最完善的，能够接收的推送次数也是最多的。同时在微信场景中，用户会看到你消息的概率是最高的，没有任何App可以跟微信比拟。所以，个人微信跟企业微信是我们沉淀流量的最佳场所。做好这两个阵地，你能够从单个用户身上挣到的总金额，也就是LTV最高。在我们精力有限的前提下，紧急且重要的就是利用好个人微信和企业微信，通过好友的形式，链接用户个人微信。

"私域"这个词在2018年的时候被提出，并且爆火至今。微信当时诞生了已经近8年，你会发现，很多公司靠着微信把公司做大做强，甚至上市，比如"跟谁学"和"完美日记"。

我认为，"私域"这个词之所以能够火并经久不衰，是因为这个词来自底层基础设施的变革所带来的新商业模式。

在微信诞生之前，一家公司如果有100万客户，都会沉淀在Excel表格里，沉淀在销售人员的通信录、名片夹里，可能需要1万个人来长期维护。

微信的出现改变了大部分国人的生活习惯，几乎99%的客户都使用并强烈依赖微信。一家公司的100万客户，可以放在2000个微信号当中，以前需要1万个人来维护，现在只需要400个人，每个人维护5个微信号即可保持好客户关系，甚至可以维护更长远、更忠诚的客户关系。

私域内容三要素

私域内容三要素：真实真诚，持续产出，干湿结合

前面我们提到，私域的本质是长远而忠诚的客户关系。

维护的阵地，是个人微信和企业微信。那么维护靠的是什么？

内容！

农耕时代，食物是人的必需品。

一个人每天吃饭可能也就花不到2小时，但现在每天有7亿人在抖音上就要花2小时，还不包括其他视频App、朋友圈、公众号等。

信息时代，内容是人的新必需品。

我们打开微信，打开微信群，打开朋友圈，就是在不断消费内容，这类内容是社交内容，是人无法抗拒的底层需求：了解朋友们都在干吗。

内容是驱动私域的燃料。在本书后文将会提到，私域五力模型对应的核心公式中，内容力是唯一跟私域资产是平方关系的能力，是其中最为重要的能力。可以这么说，做私域，最重要的就是做内容。

厂长总结了做好内容的核心，有三个要素：真实真诚、持续产出和干湿结合。

真实真诚，指的是人设要真实，内容要真诚。

持续产出，指的是需要高频保持内容的产出和发布，持续活跃。

干湿结合，指的是内容既要有干货，又要有情绪；既要有方法，又要有故事。

要成为一个活生生的人，而不是冷冰冰的机器。

在私域的整个模型当中，一般都是由IP来负责生产内容，这三个要素，也是IP产出内容的标准。厂长观察到，能够做到这三个标准的私域都极其有生命力、变现极好。

后面我会专门用一章来讲内容，并展开来讲，内容的三个要素具体应该怎么做。

私域成交四步法

> 私域成交四步法：钩子加微信，发圈建信任，活动造势能，私聊促成交

私域的本质是长远而忠诚的客户关系。注意，在这句话中，有一个隐含假设，就是要把用户变成客户。靠什么？

靠的就是成交。

做私域是很重的一件事。私域的运营维护需要非常重的人力成本，只有这么做才可以做到精细化运营，并维持长远而忠诚的客户关系。

关于私域成交，厂长总结了四句话，也就是四个步骤：钩子加微信，发圈建信任，活动造势能，私聊促成交。

这四句话，乍一听不懂没关系，先记下来。什么是钩子？如何设置福利包加微信？为什么要发圈？发圈可不可以直接成交？社群和直播是两大不同的私域场景，如何做成交？私聊如何成交？……

以上所有关于私域成交的问题，我会在第三章"加微力"和第六章"运营力"中，详细分解阐述。

私域五种能力

> 私域五种能力：IP力，加微力，内容力，产品力，运营力

观察了大量的私域案例之后，厂长发现，一个能够持续构建长远而忠诚的客户关系的团队，一个高变现的私域团队，基本都具备以上五种能力，缺一不可。

第一种能力——IP力。指的是IP人设和定位带来的变现能力。

定位决定商业模式，决定了天花板。

《孙子兵法》讲，先胜而后战。IP做好了人设定位，私域就成功了一半。

如果定位好，符合你的人设，以及符合市场环境需求，做私域就会有一种每天被推着往前走的感觉。如果你做私域做IP，每天心很累，那么很有可能是你的定位出了问题。

IP力，尤其是IP定位的相关能力，我将在第二章具体阐述。

第二种能力——加微力。指加微信的能力，它等于两个能力的乘积——制造流量的能力和捕获流量的能力。

加微力跟流量紧密相关，但是流量并不等于加微力。很多新人只会制造而不会捕获，但其实捕获流量到微信，会更重要。

加微力有五大场景，分别是公域算法推荐、公域付费买量、别人的私域、自有流量截留，以及自有私域的裂变。搞懂这五个场景，你就能够系统地分析，应该怎么开始着手，去布局自己的加微渠道。

我会在第三章专门讲加微信，带你分析如何提升自己的加微力。

第三种能力——内容力。指的是产出优质内容的能力，是驱动私域的燃料。

做公域需要内容，捕获流量需要内容，维护客户关系需要内容，转化持续变现也需要内容。这也是为什么在核心公式里面，唯独内容力是平方，因为一切都要靠内容去做燃料，它就像石油、像电一样宝贵，是驱动私域运转的核心要素。

内容力分为六大模块，分别是短图文、长图文、短视频、中长视频、在线直播，以及线下演讲的内容能力。不同场景对IP的内容能力要求不一。我会在第四章给你详细解构内容能力，以及如何提升其中最重要的四种能力。

第四种能力——产品力。就是为客户提供和筛选优质产品的能力。

这个很好理解。我们给客户的产品好不好？它的体验、品质如何？

私域本质上是渠道。对于一个商业模式而言，渠道是0，而产品才是1。一个能有效变现的私有资产中，一定离不开产品。

所以如果你要创业做私域，我建议你提前想好，你的产品是什么，根据你要卖的产品再倒推，你应该做什么样的IP，你应该为用户提供什么样的价值，让用户愿意因为你的人设，为你的产品付费。

第五章中，我会讲关于产品力的重要认知，如何做自有产品，以及如何挑选产品做代理。

第五种能力——运营力。指的是通过人工把所有要素串联起来，从而实现成交客户以及精细化运营客户的能力。

为什么我把运营力放到最后？因为在我们通常的理解中，做运营就是干脏活、累活、杂活，所有不属于产品的事情好像都属于运营了。其实不然，运营非常重要，因为运营的本质就是转化和成交，是把产品销售给客户和服务客户，进而带来续费和转介绍。

运营力一共分为八个模块，既包括冰山上能看到的四大成交系统，也包括冰山下看不到的四大精细化运营体系。

其中成交系统有四个模块，分别是朋友圈、社群、直播和私聊如何成交，涉及四个典型的私域成交场景。冰山下有四个精细化运营的体系支撑着成交系统，分别是客户标签运营、功能账号运营、账号资产运营和私域团队运营体系。

一般来说，内容力是IP专属的能力，运营力主要归操盘手来管理。我会在第六章透彻地把运营力讲清楚，包括如何运营，如何提升自己的运营力，如何去做成交运营，如何做精细化运营，等等。

以上就是我所理解的私域，总结下来就是五句话：

私域第一性原理：长远而忠诚的客户关系

私域两大阵地：个人微信以及企业微信

私域内容三要素：真实真诚，持续产出，干湿结合

私域成交四步法：钩子加微信，发圈建信任，活动造势能，私聊促成交

私域五种能力：IP力，加微力，内容力，产品力，运营力

这五句话，刚好对应的是12345。厂长建议你背熟这五句话，特别是第一句。在日常工作中，把这五个口诀加以应用，你的私域一定可以越做越顺。

私域五力模型公式

接下来，是本书最为核心的一个观点：私域五力模型公式。

这个公式就是创造私域资产的核心框架：

$$私域资产 = IP力 \times 加微力 \times 内容力^2 \times 产品力 \times 运营力$$

分析一个私域资产的价值，可以通过这五个维度来评价。这是一个典型的以数理逻辑理解私域的模型。

需要注意的是，能力之间是乘法计算而不是加法，这意味着，如果任何一个能力相对比较弱，都会让你的私域资产价值大幅度打折。比如，前言中提到厂长做私域的四个阶段，在第一、第二阶段，厂长曾经在产品力方面踩过很大的坑。

最开始创业时，我没有经过完整的商业训练，对产品的理解有缺陷，所以有将近两年时间，我带着团队创业却没有任何变现。直到后来，迫于生存压力，我才开始通过做自有产品来变现，慢慢地补足了产品力。

不能只是风风火火做内容、做流量，而一定要卖产品才能活下去。这句商业大白话，简简单单、明明白白的道理，我当时就是不懂，一直想着把流量做起来再去变现，就这样走了两年的弯路。

所以，当时我的产品力是0，那么我的私域资产的价值就是0。

再比如，很多抖音博主不懂得怎么引流加微，也就是加微力是0，那么即使他

的其他能力再强，那也是白费，无法变现。

在这个公式中，最重要且对结果影响最大的是内容力。五种能力中，只有内容力是平方的关系。我做私域资产，与一个内容力超强的IP做同一个赛道，我的内容力如果是3，但他比我好一点，内容力是4，那么我们私域资产价值可能就是9跟16的差距。

这就是为什么很多IP都是先验证了自己的内容能力能在公域获得大量的流量，再开始做私域。因为，内容是平方。

那么，有可能一个人同时在五种能力上都很强吗？

厂长观察过，不可能。

假设我们把行业的前20%视为优秀。一个人在一种能力上很强，在同属性岗位从业者中，这样的人只有20%；而有两种能力很强的，就只有4%。三种能力都强的人就更少了，五种能力都强的几乎没有。

而且在日常运营中，内容会占据IP本人的大部分时间。厂长现在做IP就非常辛苦，虽然说我也擅长运营，但是我基本上没有时间来管理，因为我做内容就得从早到晚，时间奇缺。

那么现在市面上，那些打造了超强私域的团队是怎么炼成的呢？

经过大量的市场筛选，目前市面上最主流的解决方案就是：**IP加操盘手**。

好的IP，一般是内容力、IP力很强。一个好的操盘手，一般是产品力、运营力、加微力很强。

强的IP加互补的操盘手组合起来，在市场中就是万里挑一的五星团队。我们看一个团队能不能做成私域，就要看这个团队能不能具备这五种能力，尤其要看IP和操盘手。

然而，IP加操盘手的组合，光有能力互补还不够，这个组合还要有深厚的互信和合理的利益分配。罗振宇一开始就是因为利益分配没有做好，结果跟另外一个合伙人分开，后来重新做了"罗辑思维"，并找到脱不花来做操盘手主管团队。

所以，厉害的IP和操盘手组合并互补，五项能力全部齐备，并且团队能够有合理的利益分配方式，这样的私域团队十分稀缺。而作为一个创业者和创始人，他该做的就是让自身和团队搭建这五项能力，从而构建起长期高变现的私域资产。

结语

做私域，也就是创造私域资产，这是一项极其复杂的工程。它就像是在互联网的世界盖房子、做工程。

做操盘手，是要用"工程师的思维"来搭建整个私域的底层根基；然后IP再用"诗人的思维"，像恒星一样发光发热产生内容，不断靠内容来驱动私域。

我们一定要去拆解每种能力背后对应有哪些逻辑，再科学搭建属于我们自己的私域资产。这也就是本书的主要内容。

不管是自己做IP还是操盘做私域，是IP要找操盘手或者操盘手要找IP组建团队，都需要对私域资产有系统的认知和落地能力。

接下来，我会先通过一个我操盘的案例，以私域五力模型来拆解，分析我这个案例是如何起盘的。希望大家能够由此更深入地理解私域五力模型。

私域五力模型案例分析——以厂长发售私域创富圈为例

这里，我会用一个案例，来讲解我如何用私域五力模型实现我的第一个产品"私域创富圈"的冷启动，并实现发售24小时营收破百万元。

案例分析一共四个部分：

1. 私域创富圈的介绍；
2. 我做私域创富圈冷启动的结果；
3. 我为创富圈启动做的五大长期铺垫；

4.我如何运用私域五力模型准备付费社群的冷启动。

私域创富圈介绍

私域创富圈，是私域肖厂长在2021年年初推出的第一个自身IP产品，一个以"打造私域资产创富"为主题的付费社群。

私域创富圈包括三大主权益，分别是25节私域内训必修课、数千人的高质量人脉圈子以及每月一节的私域大咖私房课。此外还包括多项辅权益，分别是恒星万字长文、恒星万字公开课、每天一篇光速情报和肖厂长的创业手记等。

一开始厂长只是想推出一门私域内训必修课。后来觉得，仅有一门课程可能还不够，因为做私域是一项费时费力的工程，所以把这个产品做成了一个付费社群，1年履约期，包括课程和很多额外的权益，更好地带领群成员科学做私域，共同创富。

截至本书完稿日，第一批开营2个多月，已经有3000多名会员加入，付费人群以创始人、IP短视频博主、私域操盘手为主。

私域创富圈冷启动的结果

私域创富圈启动后23小时38分钟，累计成交额就破了100万元，即1000人付费。

冷启动的公开信发布后，公众号文章当天就有7万的浏览量，第二天实现超十万浏览量，转发人数破万。启动当天，厂长的企业微信加了5000人，个人微信加了几千人，这是当天启动的直接结果。

除了实现销售额和完成私域沉淀外，我的创富圈冷启动还有许多更长远的意义。

粗略估算，当天应该有大约300万人在朋友圈刷到了我的公开信标题，并且，刷到这篇文章的人大多数都记住了"肖厂长"三个字，因为那篇公开信的标题中，"肖厂长"这个词放在了最前面。

这一次发售，也成为私域创富圈内甚至是社群创业领域内的一个现象级商品案例，并成为一个教科书般的启动案例。

我还发现，很多大咖发朋友圈的时候，都会带上我那篇文章的截图和跟我的合影，并都会强调一下，这个人就是文章的主人公。这些都说明这次朋友圈的冷启动发售已经把人设立住，深入人心。

我做了哪些长期准备

做IP都有很高的门槛，因为IP都要有人设和故事，且必须是真实的。如果没有这些经历和故事，很难让别人产生信任感。一些故事可能几个月就能做成，但更多的故事需要几年甚至十几年才能做成。

以下是我为这次创富圈冷启动做的长期准备。在这里我要说明，其实一开始我也没刻意想着做准备，而是当我回看个人经历的时候，我找到了那些符合我人设定位的故事，然后梳理了出来。

第一，我自己操盘私域做了7年。其间，我做了几十个项目，沉淀了3000万的私域流量。

第二，我做个人IP已有近1年时间。从2020年6月25日在视频号发布第一条短视频到创富圈上线至今，我的视频号取得了不错的成绩，获得了超过14万粉丝的关注，6000多万视频播放量，半年实现变现230万元，并被"号榜"评为视频号职场排名第一的博主。

第三，我通过付费链接了几十个圈子、私董会、付费社群等，充分社交，链接了几百名KOL，关于很多付费社群是如何运营的我学到了很多。

第四，我的内容调研了至少3个月。我看遍了市面上几乎所有的书和课，也基本上聊遍了所有能够叫上名字的私域大咖。

第五，我花了几天时间，把公司原班的精干人马抽调出来，组成了我的团队，其中操盘手是跟我磨合多年的一位合伙人。

这就是我做的五大长期准备，也是我做这一次创富圈冷启动的基础。短期来说，7年前我做私域的时候，也没想到过今天我会去做一个付费社群，而且是私域主题的。但是当站在2021年回看的时候，发现这些点都串联了起来，为我做这件事情做了绝佳铺垫。

我如何运用私域五力模型准备付费社群的冷启动

那我是如何做私域创富圈冷启动的筹备呢？

我信奉一句话，叫知行合一。这次私域创富圈的冷启动，就是按照私域五力模型来做的，一共筹备了一个多月。接下来，我分别从IP力、加微力、内容力、产品力和运营力这五个维度展开来讲。

第一个维度，IP力，我做了一次重大调整。

第一，我重新对自己做了定位，也就是对定位的客户群进行调整——之前我们公司的核心客户是"可燃型"的职场白领，调整后变成"自燃型"的人群。典型的"自燃型"人群代表是企业主、KOL、企业高管和想创业的人，这类人在人群中只占约3%。人群虽然更少，但是这些人的消费力更强，学习动力及学习意愿也显著强于其他人。

自燃、可燃和不燃，是经营之神稻盛和夫先生所写的《活法》中对人群的分类。我对于这个分类十分认同，也成为我思考关于成人教育市场人群的一个重要分类逻辑。

如果你是自己买的这本书，而且看到了这里，那么你就是一位"自燃型"人。

第二，我做了一次更名。2021年1月11日，我把用了6年的微信昵称"肖逸群Alex"改成了新的IP名"私域肖厂长"。

我在公司内部和朋友圈都做了公告。改了名字之后，我发现我这个名字是自带驱动力的，既有IP名又有特征名还有功能名。本书后文中，在讲到如何给IP起名字的时候，我会详细讲讲我起这个名字的原因。

另外，我还把"私域肖厂长"申请了商标。而且我发现这个名字几乎没有人可以模仿，除非他既开公司又做私域又姓肖，因此我能够独占这个名字，且更具备辨识度和商业价值。

第三，我还重新梳理了一版自我介绍。我把我的目标客户最感兴趣的内容放到最前面。比如，我的公司一年靠私域变现了6.3亿元，这对于自燃型人群来说，就是最有吸引力的一句话。

为什么用这句话呢？因为我有一位做私域的朋友老纪，我们也是老乡，他说过一句话：公司9个人一年靠私域卖了15亿元。这句话在我心中留下了很深刻的印象。同理，我也要把最鲜明的结果做成我的标签，让大家能够快速记忆。

第四，在形象IP方面，我重新拍了一张更加成熟的照片，并且把它作为我在所有场合的正式照片，给大家形成记忆点。

第二个维度，加微力，我也有精妙的设计。

前期做IP半年，我累积了数万私域个人微信好友，那我具体是如何做到的呢？

我设置了两个钩子。

第一个钩子，是参加线下活动和论坛做演讲时，给观众赠送资料。

因为我已成为视频号头部博主，所以有很多线下活动邀约分享的机会。每次参加任何活动，在跟主办方提前沟通后，我都会给自己设定一个目标——把现场80%的观众加进我的微信。

这是我给自己的加微力设置的KPI（关键绩效指标）。所以每一次参加活动，首先我会非常用心地准备我分享的内容，让大家觉得我是一个充满干货的人；然后，我都会在每次分享的内容里设置一个钩子，并且在前面就预先铺垫钩子的重要性，分享快结束的时候再呼应一下：这份资料只要你加我的微信，我就送给你。

这份资料是我们团队的内部协作手册，之前是我们不对外公开的内部资料。资料里讲到我们团队是如何运作的，比如，我们怎么开会，怎么制定目标，开会内容应该怎么设置，以及如何让仅有六人的视频团队，帮助我实现Vlog日更的目标。

这是非常有价值的一份内部文档，我们前后打磨了四五轮之后，才形成了一个稳定的版本。送给观众之后，可以帮助他们优化团队内部协作流程。

如果看到这里你也想领取，可以在微信里给我发送关键词"内部文档"。

靠这个钩子，我累计加了几万微信好友。我参加了很多线下分享的活动，每次的观众数量都很可观，比如，在厦门的一场视频号峰会，现场人数就超千人。在一次次累积下，我发现我的几个微信号都加爆了，多的时候，一个微信每天能被动地加上四五百个好友。这就是加微力强的体现，以及设置钩子加微信的效果。

第二个钩子，是我在私域创富圈启动公开信中放了一篇8000字左右的创业复盘。

我的私域创富圈冷启动公开信的正文，主要讲我为什么要做私域创富圈这个产品，这部分就有大约7000字；我也准备了一些个人经历的介绍，大约8000字。两部分加起来有15000字。作为公众号文章而言，这太长了，会严重影响完成阅读的比例。

我想了一个办法，在文章开头我写道：只要你给我文章末尾的个人微信号发送关键词"8000"，就能获得我的8000字做私域的创业复盘。

文章发布后，这个钩子让很多人看到最后，并且添加了我的微信。当天就加了超过5000人，累计添加人数破万。

第三个维度，内容力，最重要的一个能力。

前面讲到，做内容的三要素是：真实真诚、持续产出以及干湿结合。

第一，真实真诚。从"真实"来说，我的所有内容都经得起考究，所有数字也都是实际业务数据，有据可查。从"真诚"来说，我的文字毫不避讳我的各种问题和毛病，不仅有成功的经历，也有我犯过的错、做过的蠢事，主动让别人能够一眼看透我。

第二，持续产出。自从开始做IP，我每天都会持续输出内容。每天我会发

5~10条朋友圈，每个月会参加3~4场线下分享。虽然辛苦，但这是内容大IP必须承担的。

第三，干湿结合。生产的内容光有干货不行，要有情绪，有故事，有日常生活。干货是建立专业度，而湿货可以增加亲密度，让大家觉得你是一个活灵活现的人。

私域创富圈的冷启动公开信也是一篇干湿结合的典型文章。既有厂长的故事，又有专业观点，此外还带有强烈的个人情绪。我在私信中经常收到一些人的消息，说那篇7000字的公开信，他们从头到尾一个字不落全部看完了，然后就直接报名加入了厂长的私域创富圈。

这里我再分享个小秘诀：如何写出这篇公开信。

起初，我花了一整天一口气把初稿写完，共约5000字。然后，我找了十多位朋友看我的初稿，获得了一些反馈，综合这些反馈对初稿做了一次优化，文章就变成了7000字，看下来能够符合我的要求，正式定稿。

一开始，我找了1000个朋友转发，作为初始引爆的流量。没想到这1000人的转发最后撬动了9000人的转发，当天在朋友圈刷屏，成了一篇"10万+"爆文。

如果你没看过这篇帖子，也可以在微信里给厂长发送关键词"公开信"，我把这篇"10万+"爆文分享给你。

如果没有好的内容力，仅仅通过运营力来做的话，你找来1000人转发，并没有带来更多的转发，那传播也就结束了。这就是内容力的重要性。

切记，内容是平方。

第四个维度，产品力。

在2021年1月，我重新对我的个人IP进行了定位，名字从"肖逸群Alex"变成"私域肖厂长"时，我基本想好了接下来的产品规划——付费社群"私域创富圈"会是我第一个产品，后续我还会推出私董会、线下大课等高单价且更具有实战落地特性、更强调个性化服务的产品。

第一个产品该推什么？我想到了低单价的付费社群或课程，因为这可以快速聚拢人，而且交付相对标准化，运作得当可以快速为我累积势能。于是，我从2021年2月就开始筹备这个产品。

关于具体是做付费社群还是课程，我想了很久，一开始我其实是想做一个25天的课程。为什么想做课程？因为履约很快。比如，我给你上20节课，一天上一节，一个月不到就能上完，也能快速交付，且成本低，收入确认也快。

但后来我想到，做私域极其复杂，而且很多人有破圈的需求，于是我把这个原本是低单价课程的产品，升级为包含课程加圈子在内的一系列解决方案。

我希望能够通过更好、更长期的服务，为每一位学员在做私域、创业或职业道路上提供实际且全面的帮助，让我们每一个会员都觉得，这个圈子能够真真切切地给自己带来价值。这份价值不仅是认知层面的，还包括我们组织的线上线下活动、各种训练营等。它可能为你带来不一样的蝴蝶效应，可能7年后，你的人生就会因为这个圈子而改变。

想好之后，我把产品的卖点、权益写成了一篇1000字的产品介绍，安排设计师出图，产品完成从0到1。

第五个维度，运营力，我是怎么实现成交和精细化运营的。

前面讲到，运营力其实有八个模块，这里我只分享一个，在第六章，你可以完整看到所有模块内容。

第一，这一次的朋友圈刷屏式成交，我是如何操盘的。

回看私域创富圈上线的第一天，似乎真的很轻松：我们躺着发了条朋友圈，然后就赚了100万元。但其实这背后有大量的准备。

提前一周，我开始为产品上线预热。在这一周内，我每天发5~10条朋友圈，广而告知我下周一要干一件大事：上线一个圈子。

提前三天，我在朋友圈发布倒计时海报，让朋友圈好友充分期待开营，觉得肖厂长要搞件大事了。

这种仪式感其实非常重要。回想高中时代，我们很多人应该还记得，高考前有倒计时100天的誓师大会，然后在黑板上会写着"距离高考还有××天"。这其实是一种重要的运营手段。

除了朋友圈倒计时之外，我还做了很多筹备。我写好公开信，做好产品购买页，还找很多人来转发，提前一一打好招呼。

这些都需要事先铺垫好，才能让能量聚集起来，到发布当天集中爆发，形成IP势能。

找人站台一定要提前安排。我提前一周找了100个私域的大佬，不是IP就是操盘手，其中不乏一年变现几亿元的牛人。我给每个大佬都单独写了一封信，信中说明我是肖厂长，想干一件大事，发售一个新产品，希望他能够在产品上线当天帮我转发。

基本上所有大佬看完我的信后，都答应帮我转发。这样的结果，一方面是公开信足够诚恳，另一方面也得益于厂长过去几年在私域的势能累积，造就了这样的信任。

活动当天，我一共设置了6发"子弹"。邀请100个私域大佬转发是一发，另外几发就不展开细讲了，都是厂长多年经营的人脉支持。当天，我把筹备好的公开信发到朋友圈，然后把6发子弹上膛，一发一发扣动扳机，带来了朋友圈的刷屏效果。

有个朋友在那天之后见到我说，当天一打开朋友圈，满屏全是各路好友转发的我的公开信。后来，很多不是流量圈的人也看到了那封信，看到了我的故事，主动加了我的微信，说明这次活动确实让我出圈了。

这就是一次典型的朋友圈刷屏成交活动，上线仅24小时，就带来了100万元的营收。

运营是一件很细致的事，需要思考很多细节，然后一点点精心准备。比如，给100个大佬写信，我就准备了很久，而且做到了给每个大佬私人定制公开信的内容，不只是称呼不一样。

也正是做到那么细，才能够获得更多人的支持。他们会觉得你用心，因为私域的精髓，就是精细化运营。

结语

我有一个习惯。每次做一个新的项目，我就会新建一个在线文档，名字叫"××项目1号文档"，把这个项目所有的文档链接都复制过来，相当于一个文档地图。这样之后，所有文档都异常清晰，内部相互协作也十分方便。

在文档地图中，文档如何分类非常重要，而这一次创富圈的启动，我们内部就是私域五力模型的五个维度，完成所有筹备工作。

为什么私域资产的五力模型是能够落地实操的私域框架？因为厂长就是这么来做私域的，也是这么培训我们公司操盘手的。

如果你现在有做私域的资本，比如，你已经是一个行业的KOL，或者已经是一个有团队、商业模式以及产品的大V，那么你完全可以参考我的冷启动准备工作的框架，也做一个类似的圈子，或做一个新产品的浪潮式发售。

下一章开始，厂长将从IP力开始分别讲私域的五种能力——IP力、加微力、内容力、产品力和运营力。每种能力我都会用一整章来详细展开，讲每一种能力背后的要点、逻辑和方法论都有哪些，应该怎么去练成，并且每种能力都会有定量的评分标准，让你科学地提升对应能力。

第二章
IP力

商业模式与IP定位

本节，厂长带你梳理商业模式与IP定位。在梳理之前，先跟你分享一句话：

重要的不是当前的位置，而是认清楚你的方向、速度以及加速度。

了解商业模式和IP定位，这是我们做一切的前提。厂长接下来会帮你系统地分析，你自己的商业模式是什么样的，以及你适不适合做IP——你应该自己做IP，还是找人来做。

我会以六个我最常被问到的问题为脉络，带你梳理商业模式与IP定位。磨刀不误砍柴工，跟着厂长先一起来捋一遍这六个问题。

问题一：你是否已经有了自己的产品和商业模式闭环？

做私域，不管是做IP还是操盘手，或者你是老板想搭建自己的私域，你是否有清晰的商业模式，是第一个要考虑的问题。

根据这个问题，可以把人群分为两类。第一类，有闭环。老板或者自由职业者是典型。第二类是无闭环的打工人。

第一类人，他们已经有自己的产品或者商业模式，我们叫跑通了商业闭环，要么是卖产品给别人，要么是把自己的时间卖给不同的公司。老板就是卖产品给别人；自由职业者或者一些专门做B端的咨询公司，他们是把自己或者员工的时间卖给不同的公司。

这类人的特点是可以在社会上独立生存。

如果说你是第一类人的话，那么恭喜你，相比第二类人，你现在做私域可以更快变现，而变现会持续不断地产生正反馈循环。这个非常重要，会是你持续做下去的原动力。

但如果你现在还是一个打工人，就意味着还需要依附在一个商业体内才能获得稳定的回报。虽然你现在没有成形的产品或闭环，但不用灰心，你依然可以做自己的私域和IP。

2020年的时候，我认识了一个小伙，他把自己工作中的学习成长做了一个视频号，不断在朋友圈去分享自己的进步，不断学习和破圈，后来成为一个超级大IP的操盘手，年收入破百万元。

你千万不要觉得，没有产品没有闭环就不能做私域，就不应该去做自己的IP，很有可能你的某个好友就是你的下一个老板，他就在你的朋友圈当中。所以打工人做好私域，也可以是帮助你搞定你的下一个机会的契机，甚至能够成为你创业的跳板。

你如果看了前言，就知道我做贸大校友汇的经历。最开始我就是作为一个打工人做的私域，慢慢找到了一个新创业机会，机会清晰之后果断辞职，全身心投入其中。

虽然你现在是打工人，可能会走得慢一些，但是只要方向没错，怀抱耐心和信心，做一些短期的没有直接收益的事情，这对于你的人生来说其实相当有意义。所以，重要的不是当前的位置，而是认清楚你的方向、速度以及加速度。

问题二：如果从0开始，是否适合做自己的私域和IP？

这个问题针对打工人，而不是老板。

在这里，我可以给你提供一点思路。如果你本身就非常爱输出和分享，不管是写文字、发语音、录视频还是做直播，你就天生适合做IP。如果你本不怎么爱分享，但是你愿意为了自己的野心去改变自己，那么你也一样适合。

我以前也不怎么喜欢创作和分享。特别是高中的时候，我最不擅长的学科就是语文，最恐惧的事情就是写作文，每次写完了作文我简直如释重负。

但是在大学期间以及工作后，我发现写作是一个在社会中生存不可或缺的技能，所以我硬是把自己训练成了一个写手。

同样，我以前不爱做直播，也不爱讲课，但是我发现，未来直播、授课都是极其重要的技能，所以考虑到未来10年的规划，我硬是把自己逼成了直播小能手。

这就叫刻意练习。

最后，如果你不爱抛头露面，不擅长也不愿意在这方面去突破自己，那么你可能不太适合做IP。但如果你心思缜密的话，可以选择做一个幕后操盘手，这也是在做IP之外的一条发展路径。我也曾经是一位操盘手，花多年时间包装IP，做幕后的累活、细活、重活，这也很有价值。

问题三：是不是所有产品都适合做私域？

其实并不是。做私域必须满足下面两个条件中的任意一个，当然如果两个都满足，那就更适合。

第一，高客单价。比如，几十块钱的产品就属于低客单价。3000元以上一般就算是中高客单价，1万元就属于典型的高客单价。

第二，高复购率。如果不是高客单价，但产品是高复购型产品，也适合做私域。比如社区生鲜。买菜属于低客单价，但复购率特别高，客户每天都要买。像2020年大火的社区团购，很多小区团长疯狂地加当地小区居民的微信号，在微信群和朋友圈卖菜。

那么低客单价、低复购率的产品是什么样的？比如剪刀。买一把剪刀可能会用好几年，剪刀价格也低，一般也就几块钱。打火机也一样，没有人会为了买一个打火机扫码加微信。这种产品不适合做私域，比较适合走渠道货架。

在本书"产品力"一章中，厂长还会带你用数理逻辑计算清楚，为什么低客单价、低复购率的产品不适合做私域。

问题四：做私域的目的是什么？

很多人都跟我说想做私域。但聊了几句之后，我发现他们其实没有想清楚。

对于已经有成熟闭环的创始人来说，他们的需求可以分为两类。

第一类是通过私域去辅助原有业务，第二类是通过私域去做新业务。这两者其实有着本质的区别，但是很多老板在跟我连麦的时候，都没有搞清楚这两个是什么，也没搞清楚自己究竟想要什么。

我来捋一捋。

辅助原有业务，是继续做大做强第一曲线，做大原有的业务，把私域作为精细化运营已有客群的一种方式。

而做新业务，是要做第二曲线，相当于开辟新的战场。

我举个自己的例子。以前我的IP名字就是我的本名，叫"肖逸群Alex"，我做的是励志、成长类的视频，比如，讲费曼学习法，讲怎样在职场中更快地晋升，讲学习有哪些小技巧，讲PDCA戴明环……这些都是针对我公司原有的客群，即职场人群。

所以在这个阶段，我的IP定位其实是辅助我的原有业务，做大做强第一曲线。

但是我发现，做了半年之后没什么感觉。虽然我在这半年变现了230万元，但是我们公司靠着私域一年就赚了6.3亿元，我做IP的营收贡献还不到1%，也没有给公司带来任何新的业务模式变化，只是增加了一些流量而已。

于是我会思考：我的投入究竟有什么产出？仅仅作为公司的一个获客渠道吗？那我的时间投入带来的价值太低了。

我意识到，我不应该以这种方式继续投入时间做公司的第一曲线，而是要尝试探索新业务模型，做公司的第二曲线，这样对公司的业务才更有意义。

所以在2021年1月，我给自己重新做了定位，改名为"私域肖厂长"。虽然说也是卖课程、付费社群等圈子产品，但是它的客群完全不一样了。

新的定位，是面向以中小微企业主为代表的新人群去做操盘手的课程，增长模型也跟之前完全不一样。

这是我们公司的一个新战场，做这件事需要更多投入。以前，我只要做内容和拍广告就可以，但现在做新业务就会累很多，需要跑新产品，很累但是很有意义，对我们公司的意义也完全不一样。

这是每一位创始人做私域时，都要厘清的核心目标。

不论是辅助第一曲线还是开辟新战场做第二曲线，两者都需要创始人投入，但是需要你投入的量级是完全不一样的，时间、心力和风险都是完全不一样的。第一种稳赚，第二种可能会血赔。第一种花上30%的时间就可以，但第二种一定要全身心投入。

所以，作为时间宝贵的创始人，你一定要想好目标再开始做。也许有些老板会把失败归咎于员工，但本质上其实是老板自己没有想清楚。

问题五：创始人做IP有哪些优势和挑战？

我们讲一下创始人做IP的优势。

第一，有内容。 创始人一般有很多的经历，能讲很多故事，这是天然的内容。

第二，创始人"有料"。 要管一家公司是很考验人的事情，得经历很多次社会的毒打，但是对创始人的锻炼也显而易见。多年创业之后，你天然就会成为一个经验丰富、超级有料的IP。

第三，创始人不会离开公司。 这一点很重要。

第四，创始人可以通过自己的IP给公司省去代言费。 比如，小米的雷军、格力的董明珠、特斯拉的马斯克。

第五，创始人大概率长期连续创业。 我是一名连续创业者，我觉得我这辈子可能都很难接受再去给人打工了，所以以后我一定会长期创业。站在这个维度去思考的话，做自己的IP对于长期创业是有帮助的。

老罗也是个连续创业者。不管经历如何的起起伏伏，他只要有IP，都可以逆风翻盘，即使欠债6亿元，依然可以上演一出"真还传"，从逆境翻身。

作为一名连续创业者，我很难保证自己以后是一帆风顺的，有IP，有个人品牌，会成为我受用终身的资产，这也是我做IP的一个原因。

优势有很多，做IP的好处也是不言而喻的，比如，你的影响力和你公司的收益等。但做IP一定是有挑战的。

我这里列了三点挑战。

第一个挑战是时间、精力问题。这一点会让大部分的创始人望而却步，因为做IP真的很辛苦，得一直悬着。

创始人做IP，意味着要管公司，要产出内容，又要运营自己的圈子，还要学习，分别对应管理模式、创作模式、社交模式和学习模式。这四个模式加在一起，吞噬掉了我大量的时间，若不是我有着拼命三郎的性格，每周工作上百小时，根本做不下来。所以对很多做IP的创始人来说，时间是不够用的。

我之所以能投入那么多精力在第二曲线，也得益于过去几年公司培养的操盘手团队比较成熟。我非常感谢公司的合伙人以及其他核心骨干，他们帮我分担了很多管理任务，让我能够脱身出来，花更多时间做这个IP。

所以如果你现在公司内部一团糟，自己还管不过来，我建议你还是先把公司理清楚，再考虑自己做IP。

第二个挑战，思考型的创始人往往不善于表达。有很多创始人话不多，但非常善于抓住本质。这个特点可能在做IP的过程中不讨喜，因为会有很多沟通表达的场合。比如，在直播间，如果你一分钟就说几句话，虽然每句话都是要点，但是很可能一个人进来看了10秒钟，觉得你的表达太无趣就走了。

这种创始人做IP其实是蛮有挑战的，而且可能你很难用几个月的时间迅速做到真正的改变，需要长期大量刻苦地练习。

为了练习写作，我从此次创业的早期开始，每周都会写一篇周报，这样过了5年，我光周报就写了几十万字的内容。这些大量的刻意练习，让我在写作能力方面得到很大的提升，但这一定是一个长期的结果。

所以思考型创始人如果不善表达，那么做IP的话，可能短期内很难取得一个比较好的效果，除非你有足够的决心。

第三个挑战，IP创始人容易被吃"人血馒头"。特别是当你发生了一些负面事件的时候，一般来说，你的势能越高，你摔得就越惨。在IP势能高的时候，你会被无数人盯着；而当你跌落神坛的时候，负面消息会成为媒体获取流量的素材。

之前OFO公司一路融资、高歌猛进，创始人成为"90后"创业典范，后来融资受阻，公司业务急转直下，负面消息一边倒，都在消费OFO创始人之前累积的势能。此类稿件容易受到大众关注，所以媒体会不断报道，这也是每一位IP创始人需要去警惕的一件事情。

我建议，你在自己开始做IP之前和做IP的过程中，都要认清楚这些优势和挑战，这可以更好地帮助你梳理清楚，是否应该自己去做IP。

问题六：非创始人可以做IP吗？

这个问题很尖锐。非创始人做IP，而作为创始人、公司一把手的你，跟你伙伴的绑定模式、分手模式都想好了吗？

有一句话叫"天下没有不散的筵席"，哪怕是合伙人，一起走3年就可以算是对公司非常敬业了，而要是能够一起走5年，就是非常长的时间了。

我知道有一家B轮教育公司的IP就是合伙人，在花光了投资人的钱之后，他还是离开了公司，而他的离职，对公司产生了非常负面的影响，因为他们公司过去几年把所有的流量、曝光，都投到合伙人IP身上，可想而知，合伙人IP的离开对这家公司会有多大的影响。

别说合伙人，夫妻和血亲之间都不一定能长期绑定，偶尔还会翻车。所以如果是合伙人或者员工做IP，创始人一定要意识到一点：这个世界从来没有所谓的忠诚。一个人火了之后，会面临无数的外界诱惑，而他之所以留下来，只是因为外界的利益还不够大、自己的势能还不够强而已。哪怕他自己没有出去干的心，他身边的一些骨干在关系近到一定程度后，也会怂恿他离职，并且跟他出去一起干。

千万不要考验人性。

在员工IP或者合伙人IP足够大的时候，还有一种很彻底的处理方式，就是把公司的大股东身份给到IP。厂长知道，业内有几个顶流大IP就是这种情况，公司创始人就是这么来处理的，把一半以上的股权给了大IP，从而让IP长期绑定。

作为创始人，如果你希望非创始人做IP，一方面，协议一定要提前签署，同时把控好三点——绑定模式、利益分配方式和分手方式。但是即使已经签约了，也可能抵不住夜长梦多和人心变化。所以对非创始人IP，请三思。

找准IP人设定位并长期变现的五个秘诀

前一节，厂长给你分享了一个金句：

重要的不是当前的位置，而是认清楚你的方向、速度以及加速度。

接下来，再给你分享一个衍生的金句：

好的定位就是找准方向和速度，并且获得赛道的加速度。

IP成功的标志是什么？就是占领潜在客户的心智，并且成为他的第一选择。在本节中，厂长将用五个秘诀，帮助你找到长期变现的IP定位。

秘诀一：做IP的长期主义

对于一个IP而言，做IP是一场持久战。你既然想要享受做IP的好处，就一定要承担做IP的代价。

你必须真实地做自己，真实地演绎自己。一个人如果去演别人，或者演自己不真实的一面可以演几天，但很难演上10年、20年。

你需要遵循你内心的召唤，从你真实的经历出发，用故事去影响和打动别人，而不是从你当下的短期目的出发。

一次有个朋友跟我连麦，他跟我说了一堆他想做的事情，讲他的商业模式。听他讲了之后，我问了他一个问题：你自己的故事和经历里面，有没有跟你想去传达的理念相一致的地方？

他突然语塞。

这个问题让他暴露了真实情况——他只是觉得这个模式赚钱而已，而并不是他内心深处真正认可的东西。在这样的前提下，你是卖不出去产品的。

我建议每个人去做IP之前，都要梳理一遍自己的故事和经历，写一封给自己的信：在你人生长河的经历中，有什么故事激发了你去做这件事？

写完这封信，你就梳理清楚了你IP变现的底层逻辑。

好的演员，都是本色出演。好的故事，都能够打动人心。

一定要找到来自内心深处的声音，从自己真实的经历出发，这样才能够真正长期走下去。如果你能够找到一个坚持10年的方向，你就能打败99.99%的人，成为你所在赛道上潜在客户的第一选择。

这就是做IP的长期主义。

秘诀二：高变现人设的关键

要做高变现的人设IP，厂长总结了两个关键词，**垂直**和**真人**。

第一个关键词是"垂直"。那么,为什么要垂直?

因为1万垂直粉丝的商业价值,大概率超过100万的泛粉。

这一点从我们公司做投放的数据就可以看出来。接下来,我将披露一些曾是我们公司内部机密的投放数据。

2018年,我们做了大量的公众号投放,峰值单月超过1000万。公众号投放如何定价?我们一般是根据公众号对应垂直行业的阅读量来报价,而不是根据粉丝数,因为如果有粉丝却没有阅读量,就没有任何价值。而不同垂直行业阅读量的报价,就是基于公众号的所在品类来定。

我这里给你分享一份我们公司的报价清单。如果是搞笑类的号,1个阅读量就是1到2毛钱,情感类是5毛,读书类是1元,英语类是1.5元,美妆类是2元,母婴类是4元。我还做过k12(学前教育至高中教育)的项目,那时候投母婴的号特别贵,一次推送5000的阅读量,就要付2万元。由此可见,垂直粉丝极具价值。

所以粉丝不在于数量,而在于是否垂直,1万垂直粉丝的商业价值,高于100万的泛粉。

那么我们要做垂直,究竟应该是人设垂直,还是内容垂直呢?

人设是你的身份,内容是你的对外表达,两者不一样。厂长观察了那些变现好的超级IP,他们的共同特点是:**人设垂直、内容多元**。

关于"人设垂直",举个例子。

我是"私域肖厂长",星辰教育的CEO,这是我的人设。相应地,我卖私域课程和衍生产品。这是我不变的定位,一定要垂直。这样别人一听就知道我是干吗的,可以跟我的公司发生什么类型的交易,我能够为对方提供什么价值。

而之前,我的人设是一个"北漂奋斗青年",这样就不够垂直了,别人不知道认识一个北漂奋斗青年有什么意义。这种人设的变现效率,就比"私域肖厂长"要差很多。

再讲"内容多元"。

我的定位是私域、流量、变现,但是在直播间、短视频和朋友圈里,我一定不会只讲跟私域相关的话题。我发10条朋友圈，会有3～4条跟私域相关，以此来营造自己的"专家"人设，但一定不会仅限于"专家"，还会有其他的内容，可能是我的日常生活，可能是我的某些故事，也可能是大家感兴趣的话题。因为很多我们的潜在客户都是企业主、KOL，他们也想听如何做管理，如何做企业文化氛围，如何做团队建设，等等。

本书的"运营力"一章，会给你介绍一个建立信任的经典公式：麦肯锡信任公式。建立信任，不仅需要资质能力，还需要可靠性和亲密性。而后两种信任都必须通过多元的内容展示来获得，所以我们做内容一定要"多元"，展示一个活生生的人，从而更好地建立信任。

还可以看一个例子，豪车毒老纪的视频号。他并没有天天去讲他卖的车有多好、多便宜，或者他对什么车有了解，而是只要找到他的受众最感兴趣的话题展开就可以了。他最火爆的视频是讲自己的十年奋斗历程，而不是豪车。所以要通过自己的故事来建立亲密度和信任感，这就是"内容多元"的魔力。

第二个关键词是"真人"。

为什么一定是真人？虚拟人物、不露脸可以吗？

当然可以，但是变现可能会差五到十倍。

第一，真人才可以去做直播，而直播会带来大部分的变现。过去很多人做私域，大部分都是通过朋友圈和社群变现的。自从视频号推出，以及视频号直播的功能上线后，我发现，直播是引爆私域流量的利器。

我曾经在1个月内密集直播了20多场，变现数百万，做完直播的感受就是，同样的内容，我在直播间做一次直播，对人所能产生影响的深度是完全不一样的，声音、画面实时互动的体验，远强于图文和社群的场景。很多人在我直播间待5分钟，就会下单一个小几千元的产品。

我相信，直播这个趋势将会在未来5～10年席卷微信，而未来做内容非常重要的一个能力，就是直播能力。所以，一定要做真人，因为真人才可以做直播。

第二，真人才能有真实的情绪波动和内容素材。假设在私域当中，我们做一个虚构的人物，表面上很安全，也很省事，但是运营一段时间后你会发现，这个IP没有人的真实形象，很难营造真实的情绪波动，很难通过内容与用户形成联系紧密的情感链接。

很多时候，客户下单既有理性思考，更有情绪共鸣。而且随着商品的供给侧不断丰富，品牌和产品越来越多，客户因为情绪而下单付费的比例一定会越来越高。而真人才是能够真实传递情绪波动的载体。

我观察过自己发的朋友圈，偏干货的内容的点赞数，很多都没有偏情绪的内容高。在偏情绪的内容下面经常有人评论，觉得这类内容让我整个人都非常真实，也会对我的产品足够信任。

所以，高变现人设的两个关键词是垂直和真人。未来垂直和真人的私域IP一定会替代之前的IP，成为私域变现的主流。

秘诀三：垂直领域的选择

垂直领域怎么选择？我建议你先问自己三个问题。

第一，你想吸引的目标人群是谁？

这个跟客群定位有关，想清楚你的客群是谁，客群的需求是什么，这是定位的前提。

第二，你能够给对方提供什么产品或价值？

如果你还没有产品，那么你需要自己研发产品，或者找到一些代理产品来销售。

如果你已经有产品，就比较简单。举个例子，如果我是一个做留学服务的老板，那么我的产品就是留学服务，我需要吸引留学生的家长或者是留学生本人。

不过这里要注意"消费决策转移"的问题，特别是做k12的，光吸引小孩不行，更应该去吸引小孩的家长，特别是在低幼领域。

第三，你有哪些个性鲜明的特点能够吸引他们？

这个问题也非常重要，而且很多人可能会先思考第三个问题，再去思考第一个和第二个问题，因为个性鲜明的特点，往往需要很长的时间才能形成，不轻易发生变化。你要放大你的特点，从而在传播当中更好地占领用户的心智。

以上三个问题，厂长以自己为例给你做一下拆解。

我的目标人群。厂长的目标用户定位，是人群中占比3%的"自燃型"人群，以企业主、创始人高管、KOL、自由职业者、投资人为代表，这类人群的特点是不断学习、随时学习，永葆学习状态。他们有创业的需求，有做流量的需求，有变现的需求。

我提供的产品和价值。我的第一个产品就是私域创富圈——一个付费社群。后续还有很多不同的产品，我可能还会帮助别人做一些产品分销，比如，我自己体验过的非常认可的一些课程或产品。这是我能为我的客户所提供的产品和价值。

我的特点。第一，年轻帅气（原谅我有点大言不惭）。第二，我每年花100万元去学习和链接不同的圈子，本身就是一个超级知识输入和输出者。第三，我自己还是实战派创业者。我操盘了一家6亿元流水的公司，做过20多个项目，有成功的经验也有失败的教训。我一边学习一边实践，结合亲身经历分享最有实操性的干货。很多讲师都只是分享知识，并不是实战派，而实战是我非常大的一个特点。

想清楚这三个问题，你的IP人设定位就能够水到渠成。

秘诀四：IP冷启动起名的三要素

如果你是一个冷启动的IP，我推荐在起名的时候，考虑这三个要素：IP名、功能名、特征名。

能不能不按这个公式来起名？也是可以的，但如果你现在势能还不够，还是一个小团队的小IP，我建议你按照这个模板来起。

当然，如果你已经很有名了，就可以去掉一些要素，比如，李佳琦、雷军这样的顶流IP就不用功能名和特征名要素，直接叫自己名字即可。但如果你还不是顶流，全面考虑这三个要素，可以让你更好地利用每一点流量。

举个例子。"今日头条"这个名字，其实是字节跳动公司从几百个名字中遴选出的。他们通过大量的测试发现，当选择"今日头条"这个名字的时候，用户的留存率也好，引导下载率也好，都会显著高于其他的名字。

但是你打开今日头条，看到的是今天的头条新闻吗？并不是，而是你感兴趣的内容。为了把名字对上，今日头条还想了一个口号，叫"你关心的，才是头条"。

字节跳动是一个依靠精妙的算法来驱动自身业务的公司，张一鸣也被称为"极度理性"的创始人。在前期，今日头条App每年要砸上几亿甚至十几亿元的广告费，而如果它取的名字比其他名字高1%的转化率或留存率，那么市场费用每年可以节省上千万元甚至上亿元。这就是起一个好名字的重要性。

再拿我自己的名字举例：私域肖厂长。

"私域"是功能名。当别人想到"私域"这个词的时候，他就可能想到可以跟肖厂长有关系有链接。

"肖"是IP名，是我身上一个特有的名字。很多人起名字没有IP名，又没有把商标注册下来，那么别人直接用这个名字，虽然无耻，但从法律意义上来说是不受限制的。

但如果我加上我特有的名字"肖"，你就不可能用我这个名字，因为你不至于为了抄袭我而改姓。这样重名的概率就非常低了。加上IP名，能够让我独占性地使用这个名字，这在商业竞争中是很重要的一点。

另外我还发现，假如我叫"私域厂长"，就不能做商标注册，而"私域肖厂长"就更容易得到受理，成为一个注册商标。

"厂长"是特征名。为什么我要叫"肖厂长"而不是直接叫我的名字"肖逸群"呢？因为"肖逸群"这三个字不那么好记。

聪明的公司和聪明的产品经理都会做这样的事情：把自己的产品跟一个大家已经熟知的概念结合起来。比如，"天猫""搜狗"是跟宠物结合，"西瓜视频""芒果TV"是跟水果结合，这种结合的巧妙就在于，它没有去新造一个概念，而是把已有的概念做了融合，从而有效降低产品名的记忆成本。

很多新手创业者一开始都想自己想出一个别具一格的名字，但很多时候这种名字难记，特别是那种四个字的名字，这样效果就适得其反。

在改名叫"私域肖厂长"之后，我的感受完全不一样了。

以前我叫"肖逸群Alex"，我的微信好友找我聊天，会不知道跟我聊什么，往往聊得非常泛，既聊创业又聊北漂，或者聊聊职场，还有很多人找我给他的人生指明方向。

但是在我改名叫"私域肖厂长"之后，大家一上来就会问我私域相关的一些问题。通过不断跟客户交流沟通，解决他们的问题，我积累了很多私域的经验，也强化了我在这个领域的专业地位。

而且，"厂长"这个词接地气。以前一些朋友会叫我肖总或者CEO，这就会显得我有点太高高在上，但叫厂长就非常接地气，没有距离感。

总的来说，我认为"私域肖厂长"是一次非常成功的改名。与之相似的，厂长有一位朋友叫润宇，他的IP名是"润宇创业笔记"，这个名字也非常好。"润宇"是他的IP名，"创业"是功能名，"笔记"是特征名，大家一听就知道他是谁，也知道该跟他聊什么。还有如"英语张三老师"，六个字巧妙地道出所有。

你可以去看一下你关注的抖音和视频号。很多聪明的新账号，它们的名字是不是也符合这样的规律？

当然，也并不是所有IP都是这么来定位的，厂长刚刚的公式，更适合冷启动阶段的IP。很多IP一战成名，有历史推动的背景，比如李佳琦，他在历史的洪流中被推了上去，所以他现在不需要这样复杂的名字，他的名字本身就代表了一个行业或品类。

李佳琦毕竟是少数中的少数。如果各位还是处于刚起步的阶段，我建议按照IP名、功能名、特征名这三个要素来取名和定位，可以节省很多沟通和推广成本。

秘诀五：一分钟通用自我介绍模板

取完名字后，你还需要准备一个一分钟的自我介绍，这是你在任何场合都需要用到的一段让别人快速记住你的话术。

我整理了一份自己对外做自我介绍的一分钟逐字稿，跟你分享一下——

我是私域肖厂长。2020年，我的公司在微信做私域赚了6.3亿元。

不同于其他创业者，我现在一边操盘私域，一边每年花100万元学习，一边运营私域创富圈，人称"实操干货制造机"。

我就是星辰教育的创始人、CEO，7年11次连续创业，在微信做了3000万私域的肖厂长。我们公司旗下有轻课、趣课多、极光单词、潘多拉英语、清新冥想以及私域创富圈等产品。

如果你要做私域、做IP，可以来加我的微信，我每天都发10条朋友圈干货。

这个自我介绍我打磨了很久。本质上它其实就是四句话，我来给你捋一下。

第一句话一定是响亮的，是你到任何场合都应该强化的一句话，让自己被牢牢记住："我是私域肖厂长。2020年，我的公司在微信做私域赚了6.3亿元。"

这就是响亮的第一句话，也是抓手，抓住注意力。我的目标客群主要是中小微企业主、KOL、操盘手、高管之类，他们对于数字和年营收是非常敏感的。我前面也讲到过，当我看到豪车毒老纪说公司9个人1年靠微信私域挣了15亿元，这句话对我刺激很大，让我印象很深刻，所以我也把这句话作为我对外推广最响亮的第一句话。要明白，你的时间是有限的，观众的耐心也是有限的，必须在短时间内让别人记住你，这是你可以把自己的私域和IP做起来的最快办法。

第二句话说明差异："不同于其他创业者，我现在一边操盘私域，一边每年花100万元学习，一边运营私域创富圈，人称'实操干货制造机'。"

这句话能够让别人一眼看出来你有哪些不同之处。做定位的精髓之一，就是找到差异化的点，让别人能够主动想到你，明白你跟别人有什么不一样。

第三句话是对前两句话的解释，让人感觉"意料之外，情理之中"。 我的第三句话就展示了我的真实身份："我是星辰教育的创始人、CEO，7年11次连续创业……"

当我把旗下的品牌名字说出来，可能对方就能想到在朋友圈看到过这些产品，就会相信你是一个真实的人，相信这些数字不是你编造出来的。而我选择的这六个产品，也是我们公司知名度最高的六个产品，能最大概率让别人知道我的公司做的产品真的有高知名度，你可能会被其中的一个或几个命中。

最后一句话说明价值，并呼吁行动。 你前面讲你多么牛，那我跟你能够发生怎样的链接，而你能为我创造什么价值呢？我是这么说的："如果你要做私域、做IP，可以来加我的微信，我每天都发10条朋友圈干货。"这就是我能跟你产生链接的价值点。同时，这也是扫码加微信的福利包或者钩子。

通过这样一句话，我就清晰地让别人知道加我的微信有什么好处，从而激发对方加我微信的行为，这样，我就可以把日常线下的社交中碰到的流量都沉淀在微信。

打磨话术，日积月累，每天践行，一年就能多加5000个精准好友。

在整个自我介绍当中，一个核心要点就是带上数字。 很多人自我介绍说了一堆，听完都记不起来他究竟是谁，不知道有什么能够让人记住的点。我的自我介绍当中，有很多具体的数字，基本上每句话都会有数字，这些数字就是别人的记忆点，才有冲击力，才能够把IP记住。

相反，千万不要去说一些笼统的、带有形容词的东西，记不住，没有冲击力。如果别人记不住，就等于你的人设定位都白费了，你浪费了一次绝佳的机会。别人没有找到任何能够跟你链接的点，后续没有留下什么印象，这就是一次失败的自我介绍和定位。

以上就是找准IP人设定位并长期变现的五个秘诀，希望对你有所启发。记住："好的定位就是找准方向和速度，并且获得赛道的加速度。"

如何让IP快速被识别、被记住

先跟你分享一句话：

打造IP的本质，就是打造标签；而标签只有一个作用——被记住。

这句话相当重要，也是值得你不断重复并深刻记忆的一句话。

我们先做个小测试。看下面三句话和一张图片，你能联想起谁？

1. 要把人类移民火星的男人	2. OMG！买它！
3. 人间不值得	4.

我相信大多数人都能说出来：第一个是马斯克，第二个是李佳琦，第三个是李诞，第四个是迈克尔·杰克逊。

这就是顶级IP。只需要一个金句或者一个视觉画面，你的认知就可以随时被他调起。而你之所以能记住这几个标签和对应的人，是因为他们如此好记，而又不断被重复，这些顶流IP也因为这些标签而深入人心。

再重复一遍：打造IP的本质，就是打造标签；而标签只有一个作用——被记住。

有了定位和名称，其实一个IP只是有了骨架。那么，IP应该如何丰满起来，变成一个活灵活现、令人印象深刻的人呢？

靠标签。

厂长整理了四大标签系统，十二大标签，接下来我带你全面梳理如何搭建自己的IP标签系统，让人一接触你就印象深刻。

标签再多再复杂，其实都是跟人相关。所以，先考虑一个简单的问题：何以为人？或者，何以为一个社会人？

在相亲的场合，在面试的场合，或者在第一次去见丈母娘的场合，我们看人不外乎这四个方面：

第一，你干啥的

第二，你长啥样

第三，你说了啥

第四，你做了啥

这四个极其朴素的问题，其实就对应了我们的四类标签系统，而每个系统我们也都有一个极其形象的武器来击穿用户的心智：

身份标签系统（干啥的）——专业锚

形象标签系统（长啥样）——视觉锤

语言标签系统（说了啥）——文字钉

行为标签系统（干了啥）——行动枪

接下来，厂长将手把手带你学会这四大兵器，帮你击穿用户心智，让他们牢牢记住你的IP！

065

身份标签系统：专业锚

身份标签指的就是：你是谁，你从哪里来，你要到哪里去，你擅长什么？

这类标签系统有个专业的名词，叫"专业锚"，即**如何让你的专业或者身份像船锚一样，钩在用户内心深处，让人念念不忘？**

这里，我们有三个专业锚标签：

使命愿景标签

专业标签

价值标签

先说说使命愿景标签。你为什么要做这件事？你的目标是做成什么？会不会让人一听到就能感同身受或心潮澎湃？

举几个例子。

马斯克是要把人类移民火星的男人，你听完什么感觉？我听完会不自觉地心潮澎湃，浑身都充满了动力，觉得这个男人值得崇拜。

罗永浩的标签，就是"交个朋友"和"还钱"。你可能就会因此觉得老罗不是老赖，人挺靠谱，为了创业梦想欠了那么多钱，不容易，支持一下。

这就是使命愿景标签。

第二个，专业标签。你究竟有多专业？

譬如，肖厂长经常会说自己7年打造了3000万私域，这就是专业标签。还有某抖音名师个人介绍的第一句话就是"10年高考语文阅卷组组长"，这也能体现专业感，家长一听就会认。

注意，打造专业标签的时候要突出数字，特别是突出第一。大家对虚的东西记不住，但是对数字、名次极其容易产生深刻印象。

第三个，价值标签。你能够为我带来什么价值？

抖音有一个理财博主，她的个人介绍第一句话就是"从没让客户亏过钱"。听完是不是很想把钱交给她？因为这让人觉得有极强的价值感。

肖厂长经常说的一句话是"每天在朋友圈分享私域干货"，这就是一种价值标签。

低调赚钱的私域护肤品品牌禾葡兰，它的口号就是"您身边的肌肤顾问"，这也是一种价值标签。

厂长建议每个人在个人介绍或者日常交流中都加入一些价值标签，把这种心智锚定在别人心里，说不定别人什么时候就会主动想起你，这就是身份标签系统中"专业锚"的妙用。

形象标签系统：视觉锤

形象标签系统有一个响亮的词，叫"视觉锤"——如何让你的视觉形象像锤子一样，第一眼就砸中用户的心智？

这里我们有两个可以使用的标签：**外形标签和辅助视觉标签**。

外形标签很好理解，就是我们的主视觉形象。人最具辨识度的还是"脸"，所以"肖像权"是一个人的基本权益。

一定要有这个意识，就是把带有自己面部形象的照片作为首要宣传图片。要拍好看的形象照，反复使用，让用户心里形成鲜明的记忆点。尽量不要用虚拟或者漫画头像，肖像照、形象照才是首选！

还有一类标签，我称之为**辅助视觉标签**。顾名思义，我们穿的衣服、使用的符号、颜色，以及有意义的照片等都是辅助视觉标签。

乔布斯有很多辅助视觉标签。比如他的圆眼镜，其实就是一个非常经典的辅助视觉标签。另外，不论任何时间、任何场合开发布会，乔布斯都会穿蓝色牛仔裤和黑色上衣，这也成为他非常经典的视觉形象，也成为很多大佬模仿的对象。

扎克伯格、雷军、周鸿祎、史玉柱等，他们也有类似的习惯，不同场合都会穿同样颜色的衣服，从而形成自己的独特视觉。当然，他们可能会有一种说辞，就是把精力花在更重要的地方。我想两种因素应该都有吧。

看起来的不经意，其背后可能有大量的人为设计，核心目标就是被记忆。

语言标签系统：文字钉

语言标签系统有个非常传神的描述，叫"文字钉"——如何让你的文字或语言像钉子一样钉进用户的脑海？

这里有三类文字钉标签：

金句标签

态度标签

故事标签

金句标签的要领，就是重复、重复，不断重复！

为了达到更好的重复效果和重复频次，金句一定要短小精悍，千万不能太长，也要足够洗脑，足够大白话。

各位品一品这些金句：

OMG！买它买它！

Are you OK？

人间不值得！

我是设计师阿爽，爱设计超过爱男人！

跟着厂长，私域暴涨！

在个人签名、作品，还有演讲、直播或者课程的开头结尾，都要把这些元素加进去，它们慢慢就成了你鲜明的标签。跟辅助视觉标签一样，表面上是无意为之，背后其实藏着精心设计。

第二个语言标签是**态度标签**。我们在说话时，鲜明的态度和语气及所呈现的人物性格，也是能够被人深深记住的标签。

金星说话的态度，就是"人不犯我，我不犯人；人若犯我，斩草除根"。雷军说话给人一种工程师和靠谱实诚人的感觉，这个也跟小米的性价比定位牢牢契合。周杰伦年轻时说话带有一种叛逆，一种对权威的蔑视和挑战。字节跳动的张一鸣说话则极度理性，喜欢不断强调延迟满足感。

久而久之，你只要想到这些人，就能够在脑海中回忆出他们说话的方式，及其所呈现出的魅力和价值观，形成深刻的印象，从而牢牢地记住他们。

最后一个语言标签系统叫**故事标签**。

我们说，做传播要讲故事而不是讲道理，因为故事才容易被传播。传播得最火热的一定是故事，而不是谁发现了一个道理。我们对IP的印象也会因为这个IP所经历的故事而变得鲜活，并易于记忆。

俞敏洪在各种演讲中都会反复讲，自己高考三次落榜然后考上北大的故事。他如果说自己坚韧不拔，大家就不会有感觉，但是他讲了这个故事之后，都不用说其他的，大家就会觉得他是一个坚韧不拔的人。

第二个例子是乔布斯。为了挖可口可乐的CEO，他问了对方一个经典的问题：你是愿意卖一辈子糖水，还是跟我一起改变世界？一个极具情怀的CEO形象就此诞生。

对我们普通人而言，有一个几乎必火的故事主题——十年体。比如"一个不服输男孩的十年奋斗""一个普通女孩的十年"……我就把自己的北漂十年故事带着照片和文字回顾了一遍，做成了一个Vlog，这也是很多人认识我的起点。不论是谁，都有自己的十年体，这个故事是每个人都值得拿出来传播的故事。

这里再给你推荐一个小技巧，叫"故事的黄金圈"。这里有不同层级的三个圈，其中最里面的圈叫"4F故事"，"4F"是指Failures（个人的失败）、

Flaws（缺点）、Frustrations（挫折）和Firsts（初次经历）。让人卸下防备的前提，就是自己先卸下防备。讲4F故事，不仅易于传播，还能够快速拉近人与人的亲近感。

中间层这个圈叫"个人故事"。一次精彩的演讲，最好讲自己的故事，而不是别人的故事。

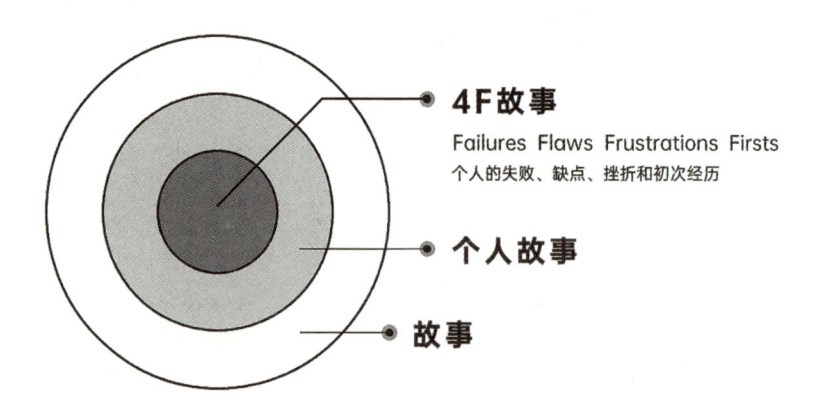

4F故事
Failures Flaws Frustrations Firsts
个人的失败、缺点、挫折和初次经历

个人故事

故事

那么怎么讲好一个故事呢？这里给各位推荐一本书——约瑟夫·坎贝尔（Joseph Campbell）的《千面英雄》（*The Hero with a Thousand Faces*）。

这是一本畅销了几十年的书，是坎贝尔从全球1000多个神话故事中总结出来的基本故事模型。他把一个英雄的故事整理成了"启程""启蒙""归来"三个部分，包括十多个更细分的步骤。譬如，历险的召唤、鲸鱼之腹、遇到女神、最终的恩赐等等。这本书是好莱坞编剧的教科书，几乎所有的好莱坞大片都可以从这本书中找到对应的模板和影子，这里强烈推荐给大家。

行为标签系统：行动枪

行为标签系统就是，你做了什么。用户看一个IP，不仅看言传，还要看身教。行为标签系统对应的武器，叫"行动枪"——如何让你做的事情像枪射出的子弹一样直击人心。

行动枪可分为四类：

壮举标签

社交标签

情感标签

辅助行为标签

这个部分相对容易理解。

第一个是**壮举标签**。你做过的那些极其有意义的壮举，会让人印象深刻。

企业家群体中广为流传的一个案例，就是王石登珠峰，我们提到王石几乎都会想到这个壮举。大家在朋友圈也会经常看到一些人徒步穿越沙漠，骑行穿越中国，或去南极北极探险、去挪威看极光等，这些都是壮举标签的对应场景。

厂长也做过一个壮举，就是日更Vlog连续100天。做过Vlog的都知道，一个Vlog从创意到脚本、拍摄、剪辑、修改，以及最终发布，一般都需要1个星期的时间，一个Vlog博主一般是一周更新一条，多的一周更新两条。而厂长为了打造自己的IP和视频号，每天更新Vlog，还专门为此在朋友圈设了一个对赌，最后100天日更flag（旗帜，此处意为目标）完成的时候发了一条朋友圈，点赞飘满了屏幕。

后来很多人见到我，都会跟我谈论这次连续日更，这就是壮举标签的力量。

第二个行为标签是**社交标签**。在大部分人眼里，你是什么样的人，取决于你的朋友是什么样的人。

很多人会在朋友圈晒跟大佬朋友的合影，希望通过这样的方式来展示自己的高价值。厂长也不例外。早年创业时，厂长也特别喜欢晒跟大佬的合影，像罗振宇老师、俞敏洪老师我都拍过合照。

第三个是**情感标签**。与社交标签不同，情感标签能够反映出自己的深层次情感，让IP人设更丰满。

厂长有个朋友是教育大V——朱伟老师，他跟我说，他就会经常在微博晒自己的女儿，而我看了下他的微博，这类内容的数据不管是点赞、互动还是转发量，都显著地高于其他内容。

除了亲人外，对手也是一种情感标签。当年优步进入中国，杀气腾腾，滴滴、快的当时都有点招架不住。而神州专车作为行业内排不上号的玩家，通过向优步隔空喊话，抓住对手的软肋：安全性不高。神州专车制作了"Beat U"系列海报，迅速引爆舆论，带来传播效应，这让大众快速认识到，神州专车是一个安全性极高的叫车平台。这次喊话，不仅实现了广泛传播，还如期强化了品牌定位。

最后一个行为标签是**辅助行为标签**。

比如，金星的"完美"手势就让人过目不忘。还有林志玲说话声音嗲、喜欢撩头发等。

这样的小细节、小动作、小习惯就是辅助行为标签，也能让你被记住！

这十二个标签你不必都用，而是先找到自己身上的特点，然后选择其中的一部分来突出和强化就可以了。

同时，标签也要重复、重复，不断重复，这样才能更好地被记住！再次重复金句：打造IP的本质，就是打造标签；而标签只有一个作用——被记住。

矩阵式打造IP和品牌的八大建议

还是先给大家分享一个金句：

每个操盘手都想过站到台前，每个IP也都想过归隐田园。

这句话我曾在大咖云集的恒星群里发过，引来了很多超级IP的认同。这个群里有不少大咖都是从幕后走向台前的操盘手，也有不少IP大咖想要把个人品牌沉淀在公司品牌中，然后隐退江湖。

本节厂长会带你了解，如何矩阵式打造IP和品牌，分析个人品牌和企业品牌应该如何相辅相成，以及搭建稳态IP和品牌矩阵的八大建议。

内容大IP与品牌小IP

先谈两个概念：内容大IP和品牌小IP。这两个词，每个做私域的团队都绕不开。

内容大IP，顾名思义，指IP本身是内容超级创作者，是一个大的个人IP，个人品牌要强于公司品牌。

你知道吴晓波，但是你大概率不知道"巴九灵"，这是吴晓波旗下的公司品牌。吴晓波就是一个典型的内容大IP。类似的还有，樊登与樊登读书、刘媛媛与媛创文化、李佳琦与美ONE等等。抖音、快手上的大部分博主、达人、知识主播其实都是这种类型。肖厂长目前的模型也是一个内容大IP，知道肖厂长的人比知道私域创富圈的人要多。

对于内容大IP这种商业模式而言，最大优势是可以快速冷启动，也特别利于传播和获客。IP一般是创始人，而这也有利于创始人更好地控制公司。

如果你没有太多启动资金，不走融资路线，特别推荐你通过内容大IP的方式来起量。

但内容大IP的劣势也很明显——对IP依赖极强。IP是肉身，会累，会出错，会有生老病死，会有各种意外，所以这种模式的公司一般不容易上市，也不太容易获得主流资本的认可，主要问题就在于风险系数太高。

设想，几十万股民买了几百亿元的股票，因为IP生了一场大病而不能做业务，公司营收骤减，估值腰斩或者膝斩，这种风险是无法被资本和市场接受的。

说完内容大IP，再来聊聊与之相对的概念——**品牌小IP**。

顾名思义，品牌在前，IP比较小，一般指的是公司品牌强于个人品牌的IP。

知道完美日记的人很多，但是只有一部分铁杆用户知道"小完子"这个IP，而小完子就是完美日记旗下的品牌小IP。

知道西贝莜面村的人很多，但是知道西贝店长的人不多，西贝每家店的店长就是西贝旗下的品牌小IP。

品牌小IP的应用场景还是很多的，其优势用一句话形容，就是不单一依赖个人，公司可以很好地控制IP，抗风险能力比较强。完美日记如果没有"小完子"，那也会有"小美子"，或者会有一个"日记君"之类的IP。谁来当这个IP，其实转化率都差不多。

劣势也比较明显，就是起量很难，一般都是靠"自有流量截留"。后面我们在加微力的部分会讲到五大加微信场景，这是其中的一种。

品牌小IP很多都是靠的自有流量截留。而这些自有流量的获得可能需要大量投放费用，或支付店面租金。完美日记每年的营销费用几十亿元，这样才把小完子这个IP做起来。在这种场景下，大家先接触的是品牌，其次才是个人IP，需要长期烧钱，也需要各种KOL为品牌赋能，而品牌小IP的势能相对低一些。

一个私域IP，是内容大IP还是品牌小IP，就看个人品牌和公司品牌哪个大，是个人给公司导流还是公司给个人导流。

这里我再讲一个经典的内容大IP转型品牌小IP的案例——罗振宇老师。

罗振宇以前是一个典型的内容大IP，大家都是因为他才关注罗辑思维，才会购买罗辑思维会员。后来，罗振宇果断转型，自己做起了一个新的大品牌——"得到"。他也在不断给"得到"引流，还拉来了众多IP，把"得到"App做成了一个平台。现在可能知道"得到"的人比知道罗振宇的人要多，因为薛兆丰、吴军、刘润等大IP都在为"得到"导流。

"得到"还递交了上市申请。设想，如果罗振宇依然是之前的单一内容大IP的模型，上市就会很难，现在这种模型相对更容易被资本市场接受。

界定清楚这两个概念之后，我们进入重点。我梳理了市面上典型的八种IP矩阵体系，基本涵盖了大部分的IP矩阵，而这八种当中，有四种是厂长推荐的，有另外四种是不推荐的。

先说厂长推荐的四大IP矩阵体系。

推荐的四大IP矩阵体系

1. 创始人内容大IP ＋ 品牌 ＋ 操盘手/助理IP（如有）
2. 创始人内容大IP ＋ 品牌 ＋ 师徒IP
3. 品牌 ＋ 品牌小IP
4. 品牌 ＋ 品牌小IP群

第一种IP矩阵：创始人内容大IP+品牌+操盘手/助理IP。注意，后面的操盘手或助理IP也可以没有。

举一些例子：肖厂长+私域创富圈+创哥厂妹，龚文祥老师+触电会，刘思毅+群响，亦仁+生财有术+鱼丸（亦仁的助理），蒋晖+猫课，等等。这些都属于创始人内容大IP加上品牌，有的再加上操盘手或助理IP。

这种模型特别稳，只要IP努力、上进、勤奋、自律，就不会发生什么问题，可以走很久。

第二种IP矩阵：创始人内容大IP+品牌+师徒IP。

怎么理解师徒IP？看几个例子：郭德纲和德云社弟子们，辛巴和辛选家族，罗永浩和众多助播。这种就是师徒IP矩阵模式。一般这种大IP都有非常非常高的势能，而且对于师徒IP会有强管控，从而让徒弟持续为自己创造经济收益。

这种模型中，一般师父本身就是天才，通过前期的一些办法为徒弟导量，并通过利益和情感形成强控制关系。

而这种模式能够持续的真正核心是，师父要成为流量最多的那个。

第三种IP矩阵：品牌+品牌小IP。

这种案例很多，最典型的就是完美日记和小完子。

注意，虽然是小IP，但是真人人设也很重要，真人和非真人对客户的心理影响有很大差别。

最后一种推荐的IP矩阵：品牌+品牌小IP群。

譬如禾葡兰和西贝。

禾葡兰的每个肌肤顾问都是品牌小IP，西贝的每家门店店长都是品牌小IP。很多微商团队也是这样来设置IP矩阵，包括我们之前的轻课班长团队也是这样的IP矩阵。

以上是我非常推荐的**四种IP矩阵体系**。这些IP矩阵也是稳态IP矩阵，可以走得相对比较远。接下来，我再来说说不推荐的四大IP矩阵体系。

不推荐的四大IP矩阵体系

1. 双人或多人内容大IP
2. 大品牌 + 员工内容大IP
3. 大品牌 + 客服IP
4. 大品牌 + 多个品牌IP

第一个不推荐的，就是双人或多人内容大IP。

这种IP矩阵，如果是临时合作还好，而如果是长期强绑定的，表面看起来会相互赋能，实际上长期磨合中IP极容易发生不合。不管是理念不合、流量分配不合还是利益分配不合，到后面一定会发生争执而导致合作破裂，特别是势能相近的，更容易合作破裂。

我见过太多这种例子，有之前我自己操盘过的案例，也有朋友公司的案例。其实娱乐业也有很多例子，在知识领域就更多。

直播圈有一个大家都比较了解的案例——李佳琦和他原来的助理付鹏。虽然付鹏是助理，但势能上来之后也单飞了，现在李佳琦的直播间就没有一个经常露脸的助理了。

所以，双人或多人内容大IP可以短期合作，一起造势，但长期合作难度很高，我不推荐。

第二个不推荐的IP矩阵，是大品牌+员工内容大IP。

以前我觉得，把员工打造成IP多好啊，能够给公司带来可观的收益，又能够不断复制，批量造IP。后来事实证明我踩了大坑，最后亏了上千万元。

之所以不推荐，是因为你很难用劳动协议绑住员工。人家要么做不起来，要么是做起来之后单干。用更严格的协议可以吗？我觉得可以，但长远来看，天下没有不散的筵席。

这也是为什么完美日记不去找一个网红来做IP，不打造一个内容IP，人家完全有这个能力。这背后一定是有更多的考量，而且是长期的考量。

第三个不推荐的IP矩阵，是大品牌+客服IP。

这种类型的IP矩阵，结果要么就是微信号被删除，要么就是用户不理你或者屏蔽朋友圈，完全是浪费流量。

某电商平台曾用客服企业微信加人，只做活动的预告和提醒。这样的电商平台客服好友，用户是大概率会直接删掉的。我跟他们的团队见过一面，底下员工也想改，但是碍于老板思路没转变，或领导担心犯错误，反正流量多，就先这么做了。

这也是大公司病，年轻的创新力量想做一些改变，但是组织条件不允许。不过我们也要感谢这种大公司病。不然还有我们普通创业者包括小微创业者什么机会呢？

最后一个不推荐的IP矩阵，是内容大IP+多品牌IP。

一般来讲，一个内容大IP做好一件事就够了，如果做太多，IP定位容易产生混淆。我们讲到雷军，就是想到小米；讲到董明珠，就是想到格力；讲到乔布斯，就是想到苹果。这种顶流IP只做一件事。

当然也有一个特例，也可能是这个星球上唯一一个：马斯克。马斯克又做特斯拉，又做SpaceX，又做Neruallink。但如果你不是马斯克这种超级勤奋、超级聪明又超级有钱的人，还是建议你专注一件事，哪怕你有很多公司——雷军虽然布局了那么多家公司，自己对外也只展示一个定位。

以上就是厂长推荐的四种IP矩阵和不推荐的四种IP矩阵。这八种矩阵类型，基本涵盖了大部分的定位策略。

在本节内容最后，厂长再回头跟你讲一讲本节一开头的那句话：

每个操盘手都想过站到台前，每个IP也都想过归隐田园。

怎么理解这句话？

做内容大IP可以获得很多，而且长期经营极具壁垒，所以很多操盘手都想站在台前。

另一方面，内容大IP的模式虽很挣钱，却不被资本认可。万一发生什么意外，投资的钱就都没了，谁能放心呢？而且对大IP来说，做内容、参加各种会议、社交，非常消耗脑力、体力和心力，长期下来很累。所以很多挣够了钱的内容大IP慢慢都隐退江湖，深藏功与名，过上低调的生活。

我曾想过，内容大IP最好的归宿是化作春泥，形成公司品牌，这也是罗振宇早就想通并且现在正在做的事。

教育行业真正有价值的品牌，譬如北京大学、哈佛大学、西点军校等，都能够脱离肉身，脱离个人IP，持续存活几百年上千年，这才是真正有价值的教育品牌。

IP力的评价标准及对应案例

回顾

本章前四节的内容，分别对应了做IP的四个步骤。

步骤一，我们在做IP之前，一定要梳理好自己的商业模式。

我提出了六个问题：你是否已经有了自己的产品和商业模式闭环？如果从零开始，是否适合做自己的私域和IP？是不是所有产品都适合做私域？做私域的目的是什么，是做第二曲线还是辅助原有业务？创始人做IP有哪些优势和挑战？非创始人可以做IP吗？

步骤二，基于你的商业模式，怎样做IP的人设定位？ 比如，你的客户是谁，你的IP名字叫什么，怎么用四句话介绍自己。

步骤三，通过标签，让IP快速被识别和记住。 有了商业模式和定位，你只是有了一个骨架，而IP一定是鲜活的。打造IP的本质就是打造标签，而标签只有一个作用：被记住！

四个基本问题"你干啥的""你长啥样""你说了啥""你做了啥"，分别对应身份、形象、语言和行为四大标签系统，相应给了你四样武器——专业锚、视觉锤、文字钉和行动枪，让你学会运用十二套标签系统，重复、重复，不断重复，击穿用户心智，让IP被牢牢记住。

IP定位的最后一步，有了私域IP之后，个人IP和品牌IP如何相辅相成？ 分清内容大IP和品牌小IP，通过矩阵，实现个人IP和品牌IP之间持续、稳定的相互赋能。

这里，我分享一下我自己的IP定位画像——

名称： 私域肖厂长

商业模式： 付费社群、课程培训、私董会、咨询、代运营及IP孵化等（后面这

些都是之后厂长会陆续推出的产品）

客户：以企业主、KOL、高管为主，是人群中3%的高势能人群（高资产、高认知、高潜力），帮助他们搞定流量、搞定变现、搞定私域

形式：垂直专家+真人

标签系统——

使命愿景标签：科学做私域，恒心者恒产

专业标签：7年做了3000万私域

价值标签：每天朋友圈都发私域干货，实操干货制造机

外形标签：年轻、帅气、阳光

金句标签：有恒心者有恒产；跟着厂长，私域暴涨

故事标签：一个不服输男孩的10年奋斗故事；从300个微信好友做到公司年入6亿元

壮举标签：日更视频号Vlog100天；2天给2231名创始会员签名拍照

社交标签：朋友圈发了许多与私域大佬的合影

情感标签：厂长父亲对厂长直播间的相关点评

IP矩阵——

创始人内容大IP+品牌+操盘手/助理（肖厂长+恒星私域工厂+创哥厂妹）

微信四件套——

我的微信名："私域肖厂长"

微信头像："全厂的希望"（聊天号）/真人头像（服务号）

个人签名："有恒心者有恒产（本人大号，通过有点慢，请谅解）"

相册背景：公司全体员工的年会合影

我的IP定位画像供你参考，可以试着自己也这样走一遍。接下来进入本章最后一个重点知识：IP力的五档评价标准。

IP力评价标准（从商业价值维度）

我是个理工男，特别喜欢把一些事情量化，觉得这样才能算是科学。我们做私域的口号就是"科学做私域"。科学的要义就是可证伪，虽然这件事情有点难度，大部分人都会避而不谈，但厂长偏偏要较真，给你试着捋捋清楚。

IP定位其实是可以划分标准的，从1分到5分。它们分别是：

1分IP力：没有IP。

譬如，用风景照当头像的客服号，备注着某某公司客服。这样的IP没有任何人格特点和标签，这种微信一般人看到就不想加，就是加完也想删，因为哪怕是放在微信通信录都让人很硌硬。

2分IP力：素人真人IP。

只有部分个人日常的照片，相对比较普通，朋友圈大部分的好友都是这种，不太会在朋友圈袒露心声，也没有高势能和鲜明标签，更没有商业模式。

2分与1分的IP相比，唯一的区别就是，这是真人朋友。

3分IP力：有势能和商业模式的IP。

你的朋友圈里，比较吸引你的IP可能主要就是这一类，占比可能不到5%。他们是有一定势能的IP，比如，在各种平台有一定粉丝量的搞笑博主、情感博主、读书博主、个人成长博主等，是一些泛品类的内容大IP或者品牌小IP。

3分与2分的区别，是他们有势能，有商业模式，能完成低客单变现。包括社区团购的团长们，能靠微信群和朋友圈挣钱，就已经打败了95%的朋友圈好友。

4分IP力：高变现垂直赛道的内容大IP。

比如吴晓波、豪车毒老纪、徐小平、猫课蒋晖等，他们自己拥有个人IP的商业模式闭环，具备鲜明的人格特点和较高的势能，也具备人格魅力。

4分与3分的区别在于，他们势能更高，变现的客单价也更高，商业模式精准狠辣。光靠这个定位，可能不需要太多好友，就能实现数千万元甚至上亿元的年收入。

5分IP力：高变现大行业的顶流。

这类IP以创始人为主，比如雷军、乔布斯、马斯克、李佳琦等。他们有极其鲜明的人格特点，极具人格魅力和商业势能。

5分IP，一般人都加不到微信，也不需要通过导流到私域来挣钱，因为没必要，要导流的话，私域根本承接不住。这也是我的奋斗目标。

按照以上的标准，你的私域IP属于几分呢？欢迎对号入座。在下一章，我将分享加微力的内容。

第三章

加微力

如何做流量加微信

"加微力"是我创造的一个词语。

一开始我想了很多词，比如，"流量力""捕获力""加粉力"等等。最后定的是"加微力"，因为它就是"加微信能力"的缩写，无须解释，简单易懂。

跟你分享一句话：流量，不如留量。

前面的"流"是"流动"的"流"，这是互联网创业人最熟悉不过的一个词语。

后面的"留"是"留住"的"留"。**留量是做私域最基本的意识，也就是要把所有流量都加到微信里。**

过去的互联网上半场是圈地时代，创业者都会更注重流量。而如今的下半场是盖房时代，流量要精耕细作，我们在打造私域资产时，应该更侧重后者，要有留量思维。

而加微力是两个动作的共同结果。第一个动作是在内外部"获取流量"，第二个动作则是设置钩子来"截取流量"到微信。

所以，加微力在本质上也是两个更细分能力的乘积：

第一个动作：内部外部获取流量

第二个动作：设置钩子捕获流量到微信

加微力＝获取流量的能力×捕获流量到微信的能力

做流量7年多，厂长在这个领域也有一定知名度。我发现，平时大家通过微信找到我，最多的问题就是关于怎么做量。他们甚至会特地跑过来见面，让我给他们支招，如何快速搞量，让业务爆发式增长。

获取流量一定是所有创业者、操盘手和IP最关心的部分。

所以，我分五大场景，整理了十一大技巧，给你分享从内部和外部获取并截取流量的方法，带你系统建立对流量的认知。

首先，做流量加微信可以分成两个模块：外部流量和内部流量。

搞外部流量的场景，包括公域算法推荐、公域付费买量和别人的私域；搞内部流量的场景，包括自有流量截留和自有私域裂变。

做流量加微信五大场景——
外部流量：公域算法推荐、公域付费买量、别人的私域
内部流量：自有流量截留、自有私域裂变

一共五个场景，每个场景，都有两三个技巧。这些技巧，都是厂长自己多年亲身实战，以及与有结果的大咖交流之后总结得出的，相信一定会有那么几点对你有所启发。

外部场景一：公域算法推荐

公域算法推荐，典型的场景包括视频号、抖音、快手、B站、今日头条、知乎、小红书等内容平台。

注意，互联网网民的流量或者时间，80%以上都在内容平台。而这些内容平台的流量分发机制，正在逐步从"订阅机制"进化成为"算法推荐"。

这个流量场景非常重要，也是唯一目前依然可以低成本实现流量暴增的场景。这里给你分享两个技巧：

技巧一：如何通过短视频、中长视频获取大量流量

技巧二：内容搞量，心机加微

技巧一：如何通过短视频、中长视频获取大量流量？

回答这个问题，核心有两点：第一，要懂平台算法；第二，要会对标爆款。

先讲**平台算法**。

这些内容平台，每天都有几百万甚至上千万的内容产生，人工是看不过来的，也没有标准来判断好坏。所以，目前这些平台都会通过机器算法，把你的内容分发给不同的用户。

这个算法很复杂，有标签、互动行为、浏览行为、特征向量等关键词。作为一个理科生，这些词我看着都有点费劲；而且，算法是一个黑盒，会不断更新迭代，对推送的内容进行优化。

那么，怎么理解这个算法呢？

我们站在内容平台方的角度来思考，算法的核心其实就是提升平台的这两个指标：

第一，更多用户和用户时长。你的内容能不能让目标受众留下来，并持续使用App（用户时长）。

第二，更多的用户ARPU值（Average Revenue Per User，平均每个用户的付费金额）。你的内容能不能让目标受众持续在App付费，并且好评满满。

这两个指标对平台而言，第一个比第二个更重要，因为用户数量和用户时长是内容型App的命根子。2021年年初，抖音的日活达到了6亿，每天都有6亿人在抖音上花费近2小时消费内容。这是一个很恐怖的数字。

在目前的算法机制下，抖音非常侧重完播率。其他的比率抖音也会看，但完播率是最为核心的。视频号也会看完播率，但点赞比率也很重要。而快手、B站、小红书，它们的机制各有侧重。

当我们知道它们的机制后，就可以因地制宜制定涨粉策略。

比如说，抖音侧重完播率，那么我们在抖音生产内容时，内容的开头一定要多强调内容的价值，以及看完的好处。这个细节就会格外重要。

再比如说，B站侧重弹幕数量，那么在视频当中，要不断创造各种引导弹幕的场景。

知己知彼，方能百战不殆。在公域内容平台上做账号，一定要懂得平台是什么算法，侧重哪些比率指标。这是第一个核心要领。

第二个核心，是要会**对标爆款**。

注意，先学习再创新，这个思维非常重要！很多新手一上来就想标新立异，想靠自己的力量直接制造出新的流行，但多数人的结果都很惨。

在任何平台，我们首先要找对标的账号，挑已经做起来、粉丝量大的账号。然后，看这个账号有哪些数据极佳的爆款作品，并对这些作品做拆解。

关于爆款作品之所以能爆的原因，自己先做分析，再跟人交流，甚至跟博主本人交流，验证自己的想法。然后从自己的角度出发，按照爆款的逻辑自己产出内容，你就一定会比别人更快做出爆款。

关于短视频内容能力，后面我还会专门展开讲。这里你就记住这两句话：第一，要懂平台算法；第二，要会对标爆款。

技巧二：内容搞量，心机加微。

视频不管有没有爆，都要思考一个问题：怎么样把流量加到微信。但是这两者是天然矛盾的关系。

为什么这么说呢？有两点：

第一点，公域内容平台本身，不论是抖音、快手还是B站，都不希望你引流到微信。

第二点，从用户体验而言，做流量和设置钩子也是矛盾的。你会觉得，你做内容的目的，就是加我的微信，套路满满的感觉，甚至会主动举报。

所以，我们想让人加微信，一定要"有心机"，也就是"巧妙"。

接下来，我拿短视频平台抖音举例，讲三点常见的方法。

第一，主页一定要加上自己的微信号相关信息。

第二，视频中可以提到给大家送东西，并引导评论，然后在评论区一个个私信，让大家加你的微信号。

第三，视频中引导用户私信博主，然后引流到微信。

其他的方法还有很多，包括直播间"小风车"等，而且一些方法可能这个月有效，下个月就失效，平台也会不断调整策略。

除了抖音，还有其他很多平台，本书不做拓展。我的主要目标是让你在"道"的层面做好认知，帮助建立体系化的思考逻辑。

外部场景二：公域付费买量

讲完了公域算法推荐的两个技巧，接下来我们切换到第二个场景：公域付费买量。

第二个场景依然是在公域。除了自然算法推荐外，我们还可以通过付费买量的方式来获取流量，并添加微信。这里也分享两个技巧：

技巧三：抖音Dou+、快手粉条、视频号推广等创作者买量工具

技巧四：通过公众号、信息流、商家规模化投放买量

技巧三：抖音Dou+、快手粉条、视频号推广等创作者买量工具。

大部分内容平台，都会给创作者提供官方付费买量的小工具。这个小工具如果用好，会非常有效。这里我简单介绍一下思路。具体打法千变万化，但是一定要梳理清楚核心逻辑。

创作者买量工具有很多用处，譬如说：更快测试内容数据，账号快速冷启动，让爆款更爆，加热带钩子的视频，等等。

暂且不谈论其他用处，我们只聚焦一点：如何用买量工具加热视频，从而不断

引流到微信私域。这里，我也总结了三个主要步骤。

第一步是制作好内容和钩子物料。

譬如我，私域肖厂长，想让对私域感兴趣的用户加我微信。

于是我拍了一个视频。我用一个标准的爆款文案模板，先讲一个极其赚钱的做私域的案例，然后说明做私域流量的重要性，在视频最后，说我有一份8000字的"私域流量宝典"，大家私信关键词"666"给我的抖音账号，就可以领取。

第二步，发布内容，并付费加热视频。

这里要注意，加热的时间、定向人群和金额大小都有很多的技巧。

第三步，收到私信后，一个个回复，并引流到微信。

因为视频中是绝对不能提其他平台的名字的，所以当用户私信后，需要解释一下，为什么要通过微信来发。同时私信中也同样不能出现其他平台的名字。

接下来，就是等待微信被添加，然后一个个发文件了。

这个技巧中，核心是第二步。如何选择定向人群，设置多少金额，在白天还是晚上加热会比较有效，以及分几次购买，等等。

我们需要不断做MVP（Minimum Viable Product，最小可行性产品），一个个跑闭环。测试到最后，计算单位微信号好友的添加价格，也就是CAC（Customer Acquisition Cost，用户获取成本），预估后续变现价值，也就是LTV，计算投入产出比，也就是计算1块钱的投入，能否挣到1块钱的利润，再决策是否继续购买。

第三个技巧是非常有效的一种属于创作者的加微方式。如果持续有好的内容、好的钩子、好的执行，这甚至会成为公域导私域相对稳定的一种引流模式。

技巧四：通过公众号、信息流，商家规模化投放买量。

这个技巧，厂长太有发言权了。因为厂长的公司去年在信息流以及公众号投放这块，跑了几十个模型，投了小几亿元，也赚了不少钱。

但是厂长并不轻易推荐你用这个方式来做。更精确地说，是不推荐没有经验的小团队和个人做信息流投放。

可能很多人都不太懂信息流投放的逻辑。我拿我们的数据做大量的简化来举个例子。

第一步，我花10 000块钱，在不同的广告位买了25万次曝光量，目标是赠送3节试听课，感兴趣的用户看到后填写自己的手机号。

第二步，投放有定向、素材、时间三要素，比较复杂，我找专业的投放团队，投放出去了。最终有100个人填写了自己的手机号。

第三步，运营团队使尽浑身解数，把这100个人当中的80个人加到了微信里，最终通过试听课的运营，转化了4个人，客单价3000元，赚回了12 000元。

提问：厂长赚了吗？

我们在上一个技巧中讲到了两个概念，分别是CAC和LTV，这是商业理论当中非常重要的两个概念，如果你要长期创业，一定要领悟这两个概念。下面，我给你做一个简单的解释。

CAC，用户获取成本。上面案例中，按照加微信作为获客来计算，1万元，最后80个人加微信，每个人的获客成本是125元。

LTV，生命周期总价值。案例中，80个人加微信，最后实现转化12 000元，平均每个人的LTV就是150元。

我们来看一下，一个微信用户，我要花125元买，最后能变现150元。你觉得我赚了，还是赔了？

答案是不一定，但大概率会赔钱。

因为在150元当中，除了CAC的125元之外，你还要拿出很多钱来支付税费、老师课酬、投放人员成本、运营人员成本、行政综合成本、学员教材等。如果这些成本加起来超过50元，那么一单你就亏了25元。

而之所以会亏损，是因为现在的流量价格太高了。这一点我在前面已经讲过，而且是一个不可逆的趋势。

不管是技巧三通过创作者推广工具买量，还是技巧四通过信息流、商家直接买量，都是采买流量。能够持续采买流量并让用户加微信的前提，都是花的广告费最后能挣回来，而且净利润要为正。或者ROI（Return on Investment，投入产出比或投资回报率）也就是投入产出比，要大于一定数字，比如2或3。

如果你要做信息流采买，首先准备好50万元的推广费，再搭建好至少10个人的投放、销售团队，维持3个月。算下来，前期成本投入可能就要100～200万元，甚至更多。

大多数创业者都是中小微企业或自由职业者，还不具备买量的能力。因此，这里了解一下这个技巧的底层逻辑即可，它不是一个对普通创业者友好的增长模式。

外部场景三：别人的私域

接下来，我们讲最后一个外部流量场景：别人的私域。

别人的私域，就是你的公域。这对大部分创业者而言，都是一个非常好的获客加微场景。

通过他人私域获客，本质上其实是"时间+内容"换流量。而这种形式的流量，只有内容大IP才能做。比如说，出席一次线下论坛，去别人微信群做一次分享，视频号做一次连麦，给别人的新书站台……这些方式，其实都是通过他人私域来获得曝光，或者获客引流。

厂长自从开始做IP，就出席了无数的线下论坛，也在很多群做过分享。所以我也总结了两个技巧，分享给你：

技巧五：通过他人私域获客，要思考两个指标——投入产出比、裂变系数
技巧六：任何分享，都要设置钩子并加微信

技巧五：通过他人私域获客，要思考两个指标——投入产出比、裂变系数。

上文说到，通过他人私域获客本质上是"时间+内容"换流量。而对IP而言，

时间无比宝贵。

每一次通过他人私域获客，IP本身或操盘手要算个账：这次时间投入和内容投入（内容需要时间准备，所以本质上也是时间投入），与活动所带来的曝光、现场影响到的人数和群体范围相比，是否匹配。也就是，计算单位时间的投入产出比。

对于一些需要出差比较远的线下活动，我一般对活动本身的要求就会更高一些，因为我的分享可能只有20分钟，但来回路上可能要花至少一天。这一天用来做其他事情，会不会收益更高？机会成本也很重要！

在这里，给你分享一个绝妙的通过制造高投入产出来获取流量的思路，就是让自己"不断被引用"。

比如说，你的内容如果本身有话题能力，那么你不在场的场合，别人可能也会拿你来举例子，从而带来一些被动流量。我的课程里就提到了大量的其他人的案例，譬如，谈到了完美日记、豪车毒老纪等。

所以如果一个人的话题性足够强，通过别人的私域获得的被动曝光，带来的传播效果其实非常好。

这是第一个指标：投入产出比。

在改名为"私域肖厂长"之后，我的新名字因为定位清晰准确，也经常被别人在很多场合提起。特别是举例子说一个IP应该如何定位时，都会拿我的改名案例来讲。这其实也是一种高投入产出比的、通过他人私域获客的思路。

第二个指标是裂变系数。

这里我对于裂变系数的定义是，参加一次活动，能够额外带来多少次高质量活动的邀约。

就比如说，我去年8月参加了一场视频号的活动，这场活动后续影响了几千人。这几千人当中有3个人是后来一些高质量活动的主办方，他们觉得我在这场活动中的分享不错，会邀请我出席他们的活动。

如何提升裂变系数呢？拿线下论坛举例，我有三个心得。

第一，活动的选择很重要。好的活动，影响力大，参与人数多，对IP本身也是一个加持。

第二，分享内容的准备无比重要。我曾经见过一个嘉宾华而不实，分享的内容没有任何价值，最后现场的人都在玩手机，群里冒出来无数吐槽。像这样的嘉宾，下一场肯定没有人愿意邀请了。

我自己准备的每一次分享，都会以干货为主，同时干湿结合，目的就是让主办方觉得，请厂长过去是一个明智的选择，因为现场听众会觉得，光是厂长的分享就能值回票价。

第三，社交礼仪也无比重要。譬如，在现场跟主办方搞好关系，在群里多发红包，或者在论坛开始和结束的时候，自己在朋友圈宣传活动，给活动造势、做曝光。主办方也会很开心，下一场也更愿意邀请你。

所以，不管是线下演讲还是微信群分享或连麦等，如果能做好这三点，你的裂变系数一定出奇地高。而高裂变系数带来的结果，就是自己有稳定的他人私域流量供给、持续曝光、持续获客。

技巧六：任何分享，都要设置钩子并加微信。

上文说到，做别人的私域，本质上是通过"时间+内容"来换取流量。为了提升投产比，很重要的一个因素就是你能不能把现场、群内或直播间内影响到的受众加到微信里，从而持续产生影响。

当然，设置钩子之前，一定要跟主办方沟通，提前做好PPT，把设置钩子的位置跟主办方提前确认，也表示一种尊重。

我们来算一笔账。线下曝光的价值，是1元1个人；而加到微信的价值，是100元1个人（是的，加到微信就是有可能会这么高）。那么，如果我们做了一次现场500人的线下分享，并且成功加到了200个人的微信，其商业价值与不加相比，就是20500元与500元的区别，相差40多倍！

那我们怎么样合理地让现场的人加微信并在实现高转化率的同时，还能获得大家的好评呢？

两个技巧：给红包、给资料。特别是资料，而我往往会选择"红包+资料"。

举个例子。做任何事情，我都有系统、有章法，我会把我自己做的各种内部文档整理成模板，比如开会记录、整理的数据、写的东西等。

每个人都有好奇心，都想看看别的团队是如何内部协作的。所以，我把内部文档做成一个钩子。在前面分享的内容当中，我也会提前埋钩子。我会介绍，我们团队是做了哪些流程，有效提升了内部协作效率，从而把这份文档的价值感体现出来。

到最后，要让大家扫码。注意，扫码一定要在最后。不然一开始的时候，大家对你认知了解还不到位，就会觉得你太急躁了。讲到最后，大家对我有一定的印象了，我会展示我的微信二维码，并说明，添加我为好友，都可以获得那份内部团队协作文档的电子版。这个时候，大家就会齐刷刷拿出手机来加我微信，跟我链接。

刚刚提到，我们内部文档的获取方式，在本书前面的彩页夹页中也有，如果你想要，可以翻到前面扫我的二维码，加微信即可获得。

为了避免一个账号短时间内被太多人加而导致被封禁，我还准备了多个微信号和活码做分流。在微信群、直播间、线下、深度文字分享中，甚至在我的创业手记中，我都会这么来引流。

后来我统计了一下，不到1年时间，因为我的线下分享，加了我微信的有几万人。

每次准备分享的内容，我都需要做很多准备工作。每次很多人加我后，我都是一个个给大家发PDF文件，经常自己处理每一条消息。但做私域就是要把细节做到位，只有这样，你的私域资产才能够搭建起来。而做别人的私域，每次分享都设置钩子加微信，是其中至关重要的一个细节。

天下大事，必作于细。跟各位共勉。

内部场景一：自有流量截留

分享一个金句。说实话，最早看到这句话的时候，我很受触动：

很多人不懂私域，就像守着金矿在乞讨。

按照我现在的认知，如果能回到2018年，或者2015年，我都会觉得，哇……处处都是金矿，而且是属于自己的金矿。有一句话是"你永远挣不到自己认知之外的钱，除非靠着运气"，其实是一个道理。

如果你实在不会搞外部流量，比如内容不行、不会买量等，这些其实都没关系。因为很多个人或者企业，明明有很多内部流量，但因为没有很好地把它们捕获到微信，或者不懂裂变，就白白浪费了。

接下来的内容，都是跟内部流量相关，说不定某一点对你有启发，一年让你能多赚些的利润。我们先来看看，你有没有守着金矿乞讨。

我把内部流量分成了两个场景：自有流量截留和自有私域裂变。每个场景都有几个技巧。

关于自有流量截留，这里给你也分享两个技巧：

技巧一：最有价值的流量，其实是自有流量
技巧二：自有流量如何设计钩子

技巧一：最有价值的流量，其实是自有流量。

这个技巧偏"道"的层面，即认知层面。怎么来理解这句话？怎么去理解自有流量？

对一家门店而言，每天进入门店的流量就是自有流量。

对一个培训讲师而言，每一场线下培训，台下听你讲课的人就是自有流量。

对一家淘宝店铺而言，每一位下单用户就是自有流量。

与外部流量相比，它们对于你而言有三个特征：

意向更明显

认知更深入

行为更明确

这些特征，在上面列举的三个例子中都非常鲜明，特别是淘宝店铺的例子——下单后的淘宝用户，都已经是你的付费用户了。

这种流量，应该毫不犹豫，采取措施引流到微信！

现在越来越多的商家，如西贝莜面村、完美日记等，它们有大量的自有流量。而它们做的最聪明的一件事，就是把这些流量都加到微信里。

西贝每年进店消费是5000万人次，这5000万人次如果能有3%的人沉淀在微信，一年下来就是150万微信好友。

完美日记2020年第四季度收入19.6亿元，按照120元的客单价，每个月就有近540万笔订单。即使按照2%的加微比例，一年就能有130万的微信好友。

无论是西贝还是完美日记，如果精耕细作，长期累积下来，会得到很有价值的一笔私域资产。而这两个品牌一直注重私域的建设。如今它们的案例，也成为私域经典案例。

完美日记有所谓的DTC模式（Direct to Consumer，直接面向消费者）。这个词乍听起来玄乎，其实本质就是通过官方，也就是通过微信个人号，直接卖产品！

所以说，不懂这点，就是守着金矿在乞讨！

有人可能会说：我的流量没有西贝、完美日记那么多，这件事儿要做吗？

要做，而且坚决要做！

因为如果你现在的模式是挣钱的，那么你把自有流量加到私域，挣到的钱大部分会是利润；如果你现在的模式是亏损的，那么你更应该做，因为在微亏的状态下，这个动作说不定会让你扭亏为盈，起死回生。

个人感受是，这个动作普遍能够让毛利上升10%~30%。所以，一定要做，而且现在、立刻、马上要做。相反，如果你不做，你的对手都在做，长期下来，他们就把你远远甩在身后了。

技巧一是关于认知层面，下面的技巧二则是关于实操层面。

技巧二：自有流量如何设计钩子？

也就是，在不同的自有流量场景中，具体如何来加微信呢？

自有流量的场景非常多元，具体算下来有十多种，根据产品，又有更多不同的策略。

举个有趣的例子。我们公司每年会招几百人，光来面试的人就会有数千人。而这部分流量我们也沉淀在了微信里，我们让来面试的人添加微信后，获得对应的面试表单。这样也给我们沉淀一些私域流量。

所以我建议，如果你自己有实体，有自有流量，想把他们加到微信里深度运营，最好是请专业操盘手或者找私域大咖咨询，让他帮你设计一套体系。千万不要想着省钱，一定要花钱找专业的人做。一般的老板省钱，而聪明的老板看投产比！

在这里，厂长整理了三个最为常见的场景中推荐使用的加微信策略：

门店送实物

电商送红包

培训送干货

关于这三个策略，这里逐个简单讲一下。

首先是**门店送实物**。

这个实物最好是你自己的产品，而且只针对付费用户赠送，比如，西贝把门店流量沉淀在私域的策略，就是10元一串的羊肉串，如果客人想用1元钱购买，需要加上店长的微信，每人限购1串。这么算下来，成本可能是2元钱的羊肉串，但客户觉得挣到了9元，而西贝添加一个微信好友，实际支付的成本只要1元。

所以，门店场景沉淀流量方法其实有很多，当然，也要付出少量成本。

接下来是**电商送红包**。这个也要针对付费用户，我们拿完美日记来举例子，它的方法是这样的：

1. 用户购买完美日记的产品后，随包裹会收到一张附送的"红包卡"，刮开图层可获得特殊口令

2. 扫码关注公众号

3. 公众号立刻推送一个页面，包含个人号二维码

4. 添加个人号后收到一个小程序二维码

5. 扫码并输入口令，即可领1~2元红包

6. 这还没结束，后面"小完子"还会邀请你加入一个企业微信群，在群里持续种草

这样看来，仅需花费1~2元成本，就可以获得一个公众号粉丝，也是一个个人号好友，还是一个群成员。而随产品寄送一张红包卡，成本极低，对于用户而言，却是实实在在的福利。

最后是**培训送干货**。这里以教育培训公司的自有流量为例，譬如说官网主页。

一个教育培训品牌有一定名气之后，会有很多人通过搜索关键词进入官网。虽然这个流量可能不多，一天几十个几百个，但要知道，这些流量都是极其优质的流量，因为是来自用户的主动搜索。

所以，我们可以看到，大部分在线教育公司的官网，都会在首页的醒目位置设置导流入口，通过赠送课程、资料、干货等方式，来引导用户填写手机号，进而添加微信。

送课程、送资料、送干货，这都是教育培训公司的标准玩法了，这里不过多展开。

以上三个场景所对应的解决方案，只是普遍最优的方案，但并不意味着你一定要按照这个来。在实际的业务模式中要活学活用，不断测试，最终找到最适合自己的方案。

内部场景二：自有私域裂变

上面讲的第一个场景，更加侧重自己能够触达但是没有加到私域的流量。而在这第二个场景中，流量已经导入私域、加到微信了，怎样进一步裂变呢？

我总结了三个思路：

技巧三：通过个人认同，把你的微信好友变成你的推广员

技巧四：通过产品交付，把你的客户变成你的销售

技巧五：通过利益机制，把你的客户变成你的合伙人

这三个技巧，下面我会逐个展开介绍。

技巧三：通过个人认同，把你的微信好友变成你的推广员。

首先说明一下，通过个人认同，而不是通过利益机制，你也可以把你的好友变成你的推广员。但我之所以推荐通过个人认同而不是通过利益机制，是因为这是你的微信好友，他就是你的朋友，是与你关系一般、仅有点赞之交的朋友。

假如你跟我本身关系不那么深，你让我帮你转发做推广，给我30%、50%甚至80%的提成，我也是绝对不会转发的。因此，大家出于对你的认同来帮你转发，是最合适的一种推广行为。

所以，这也是为什么每个人在视频号做"十年体"都必火。在微信私域这种社交场景下，一个人回顾自己的十年经历，精心整理成一个视频，这在他的朋友中间是极其容易获得"个人认同"的内容，进而得到高频次的点赞传播。

2020年9月29日，我在29岁生日那天，就发布了一条视频"一个不服输男孩的奋斗十年"，立马就爆了。这条视频在我朋友圈的点赞刷屏了，在视频号则有2.7万人点赞，100多万次播放，让我彻彻底底出圈了一次。

为什么大家会自发转发？就是因为"个人认同"。同样，我也多次点赞或转发过朋友的"十年体"，还有他们做的极有意义的一些事情。比如一位朋友出了新书，让我帮他转发一下，还给我制作精美的海报。我会觉得对方做的这件事很有意义，而且考虑周到，于是我不仅帮他转发，还安排公司直接采购了100本新书支持。

所以，第一个自有私域裂变技巧，就是通过个人认同，把你的微信好友变成你的推广员。这比给50%提成要强多了。

技巧四：通过产品交付，把你的客户变成你的销售。

把客户变成销售——这是天底下最好的商业模式，也是所有老板都梦寐以求的推广方式。其实这个技巧还应该加上"产品交付+适当引导"，效果会更好。

但，客户愿意做你的销售的前提，一定是认同你的产品，觉得你的产品好用。

我们做的一个付费社群——私域创富圈，一定是开营仪式之后，再引导会员来做分销。这是因为开营仪式之后，大家对产品有了更深度的体验，不管是对课程还是对社群，还是我们的其他服务。这种体验和认可，才是客户愿意为我们的产品做推广的前提。

在私域五力模型当中，产品力是非常重要的。产品是1，营销是0。如果没有1，再多的0都毫无意义。

技巧五：通过利益机制，把你的客户变成你的合伙人。

终于说到利益机制。不管是直接抽佣，还是让客户付高单价来获得代理的资格，利益机制绑定，都是最高层级的一种裂变。

特别是第二种。有些客户要成为省代理、市代理，要交几万、几十万甚至上百万元，这其中一定离不开利益机制。而这种利益机制的建立，也一定需要有前面两点作为前提，即个人认同和良好的产品交付。这种利益机制，会筛选出最认同产品的用户，让他们成为你坚实的合伙人、行走的销售。

这个技巧，微商和社交电商平台都非常擅长，还有一些教育公司，譬如樊登读书、iEnglish等也很会玩这一套。核心要点就是设计出一套明确的规则，让大家能够根据自己的支付能力和行业资源，通过付费成为代理的模式，实现深度绑定，进而持续、死心塌地帮你做裂变和推广。

最快学习的方式，就是找到一些平台的规则做深度研究，譬如研究樊登读书会的代理商模式，思考为什么这套模式之下，樊登读书的流量会不断裂变，不仅渗透大城市，还发展到县、乡等。这个技巧如果用得好，会带来非常惊人的增长。但发展合伙人也有一定的风险：如果代理挣不到钱，可能会产生很多纠纷。所以，不要光想着收钱，也要想如何帮助代理挣回钱，不然模式一定不长久，甚至会崩盘。

再次说明，这三个技巧，是不同场景下我最推荐的裂变方式，并不代表全部。你在实际使用过程中，最好结合自身业务、产品、客户、IP，摸索出适合自己的裂变增长模式。

关于加微的两点思考

思考一：很多人把加微力当作因，但加微力本质上是果。

许多人知道我做私域之后，问我的第一个问题往往就是，怎么能在一天加到几万微信好友，怎么让流量一下子爆起来？

其实可以发现，在整本书中，加微力的篇幅是相对较少的，而IP力、内容力、运营力相对更多。为什么？

加微力不是因，而是果。真正的因，其实是产品力、运营力、内容力等。譬如商业模式够不够清晰，产品体验够不够优质，后端运营服务精细化程度够不够，等等。

加微力不强，往往原因不在表面，而是在内核。

如果你在公域无法靠算法获取流量，表面上是流量匮乏，核心原因还是内容力缺失。

如果你在公域很难买到流量，表面上是流量太贵，核心原因是你的精细化运营能力不如你的对手强。

如果你的自有流量截留加微做得不好，表面上是用户不买单，核心原因可能是你的门店没有温度和氛围，客户进店后，不想加店长的微信。

所以，很多人都把加微力当作因，但加微力本质上是果。分清楚因果关系很重要，与其扬汤止沸，不如釜底抽薪。

思考二：加微信这个动作虽然简单，但不做和做，就是0和1的本质差别。

前面我讲了五个场景十一个技巧，有没有发现我多次强调，一定要把流量沉淀在微信？甚至为此，我把这个能力的名称都改了，不叫"流量力"，而是叫"加微力"。

这是因为光有流量，而不去重视加微信这个细节，就等于0。

前面我还讲过，一次5分钟的曝光，商业价值可能是1元，但如果收到这个曝光信息的用户加到了你的微信，商业价值就可能是100元、200元甚至500元。

很多新手，特别是在公域靠内容算法推荐做起来流量的人，只重视制造流量，不重视留存流量。不沉淀在微信的流量都是过眼云烟。不管你在公域有多少算法流量，一定要有危机感，不要等到流量过去后，再后悔自己没有留存到私域。

我自己就踩过坑，也见过太多血淋淋的例子。我经常收到一些抖音大号的求助，跟我说最近流量掉得厉害，问我怎么快速把流量转移到私域。

一定要有危机感，一定要把流量沉淀到微信。

做私域，个人微信与企业微信应该如何选择

这是几乎每个人都问过的一个高频问题。

随着企业微信的更新迭代、朋友圈的推出、好友人数上限到2万等功能大量拓展，越来越多人都会有这个疑问。每次企业微信出了新功能，都会立马有一堆人问我：加好友应该加到个微，还是企微？

有一位伟人曾说：世界是你们的，也是我们的，但归根结底是你们的。这个句式放在理解个微和企微上，也一样成立：

微信是2C（面向客户）的，也是2B（面向商家）的，但归根结底是2C的。

这句话我先不解释，你跟着我的思路，就能慢慢品出这句话的味道。要想透彻理解这个问题，可以把它拆解为以下四点，接下来厂长将会逐个讲清楚：

第一，如何理解腾讯推出的企业微信？
第二，个人微信相对企业微信的优势。

第三，企业微信相对个人微信的优势。

第四，厂长在用的两个超实用小技巧。

如何理解腾讯推出的企业微信？

企业微信的功能无时无刻不在更新，我现在讲的一些功能，可能一年后就会有变动。但是我们如果从道的层面来思考，为什么腾讯要推出企业微信，很多问题就可以迎刃而解。

腾讯为什么要推出企业微信？对这个问题，厂长有很多思考，也跟一些接近核心的官方朋友有过交流。总结下来，腾讯推出企业微信有这两大背景：

第一，太多商家、企业利用微信做营销，严重影响了微信生态和用户体验，长此以往会动摇微信C端根基。而直接批量封号，对商家而言，会对其业务产生毁灭性打击。

第二，企业端IM（Instant Messaging，即时通信）市场发展势头迅猛，比如钉钉的崛起，腾讯需要做战略防御型产品，并推进其产业互联网战略。

第二个背景，跟腾讯战略有关；而第一个背景，非常值得我们玩味。

微信是2C的，也是2B的，但归根结底，还是2C的。你一定要仔细品这句话，细品，再细品。

想一想，从微信团队的角度来看，基本盘是什么？不是商家需求，而是用户体验，用户体验，用户体验！在2019年到2020年，微信团队经常批量封杀个人微信号，大量用于营销的个人微信难逃被封的命运。同时，类似群控、WeTool等个人微信的外挂，微信官方也采取鲜明的态度，封杀到底！

但是封号并不解决问题。因为商家一定会有需求，会继续做营销。

而商家为了避免封号，有一张万能牌，**就是把用于营销的微信号，伪装成真实的个人生活微信。只要我伪装成群众，你就不能发现我。这就是养号的由来。**

"堵"搞不定，那么微信的策略就是"疏"。腾讯提出产业互联网战略。同时，考虑到阿里钉钉迅猛的势头，打通个人微信的企业微信，就成了一箭双雕的产品：既解决大规模营销号的问题，又让腾讯跟阿里一样，在产业互联网上拥有一个撒手锏。

这就是腾讯推出企业微信的背景。理解了这个背景，就可以这么来理解个人微信和企业微信应该如何选择。

首选一定还是个人微信。因为在重要能力上，企业微信一定是弱于个人微信的。不然，腾讯为什么还要通过封个人微信营销号，来把大家赶到企业微信呢？

但是，个人微信有两个核心弊端，第一个让人难受，第二个"致命"。这两个缺点我后面会说到。

如果你要加大量的微信号，客单价不高，并且是集中式运营——如果同时满足这三种情形，那么我推荐你把流量沉淀在企业微信。因为管理成本低，同时抗风险。完美日记的"小完子"，用的就是企业微信。

接下来，我们来分析一下为什么会这么推荐，以及个人微信的两个核心缺陷是什么。

我们先说说个人微信相对企业微信的优势。

个人微信相对企业微信的优势

第一，个人微信社交感更足，更像是一个"人"。

个人微信每天可以发多条朋友圈，有朋友圈的历史记录，可以看到好友的朋友圈，并且点赞互动，了解个人动态情况，增强信任感。个人微信可以查看对方城市信息，看到对方微信号，但是企业微信不能查看。而且，个人微信有视频号、小程序等内容呈现，企业微信暂时不能使用和查看。

第二，个人微信添加渠道更多样、更便捷。

个人微信不仅可通过二维码被动添加，也可以通过搜索微信号、手机号、QQ号的方式被动添加，而企业微信仅能通过二维码被动添加。个人微信主动添加好友时，可通过搜索对方的微信号、QQ号、手机号来添加；而企业微信仅能通过搜索对方的手机号或邮箱来添加。另外，个人微信主动添加好友时，验证好友是在"新的朋友"中进行的；而企业微信主动添加好友时，验证是在"服务通知"中出现，还需要用户主动扫码，才可被添加。

第三，个人微信社群有待办功能。

个人微信群可以设置群任务待办事项，用户完成后也有显示，但企业微信不可以（不过，企业微信群的社群功能更加丰富）。

第四，个人微信的三方服务功能完备。

个人微信已经有非常完备的上下游服务商，也成为大大小小的第三方平台的登录授权对象。微信的各大平台服务也以个人微信为授权对象，例如公众号平台、商户平台等都还不能使用企业微信登录。

以上这些优势以后还会不断更新。因为个微和企微的功能在不断迭代，一直会有变化。这里，我只讲其中两个最重要的差异。

第一，个人微信更像是一个人。

我们说，做私域是跟客户成为朋友。这个朋友的感觉，其实体现在很多的细节上。比如下面这些。

添加的时候，个人微信和企业微信分别是这样的——

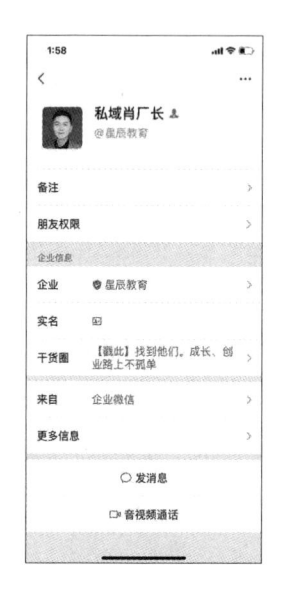

聊天的时候，个人微信是这样的，而企业微信下面有我的公司名——

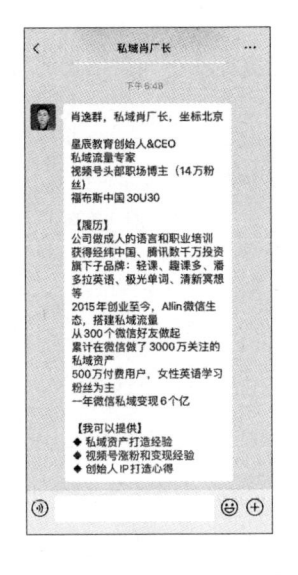

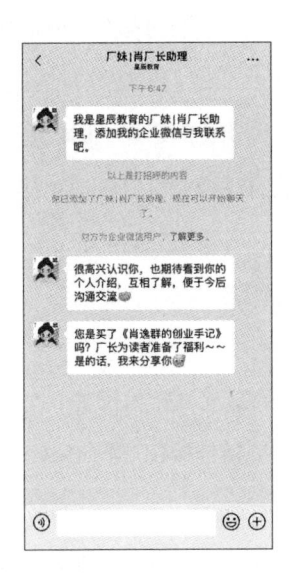

而且，个人微信有朋友圈历史记录，而企业微信没有自带朋友圈。

这种差别感觉到了吗？如果是个人微信，朋友的感觉很强烈——这就是我朋友。而如果是企业微信，我会感觉我是客户，我跟你不是朋友。

这一点很微妙。

第二，个人微信的朋友圈是完整的朋友圈。

大家都知道，企业微信一天发圈的次数是有限的，而且看不到客户的朋友圈，更别说点赞互动了。这个功能限制得太厉害了。各位一定要理解，为什么企业微信这么做？

这是为了让朋友圈这个产品不至于彻底被商业广告所占领。如果企业微信放开朋友圈，那么我敢说，大家肯定就慢慢地不看朋友圈了。最近，很多微商的朋友圈被折叠，也是这个原因。

我估计，腾讯有一套算法，根据点赞、互动、评论量，来判定一个朋友圈是否要被折叠。这是在为朋友圈的长远未来考虑。

所以，个人微信朋友圈，一天可以发多条，可以看到好友朋友圈，并且点赞、互动，这其实是个人微信强于企业微信最重要的一个功能。朋友圈对于影响一个人非常重要。而个人微信的朋友圈，是完整的朋友圈！

有这两点理由，我们就应该首选把流量沉淀在个人微信。还有很多其他的理由，我觉得跟这两点比起来都不那么重要。

接下来，我讲讲企业微信相对个人微信的优势。

企业微信相对个人微信的优势

仔细总结来说，企业微信相对个人微信的优势有以下这些。

第一，可以直接挂接CRM（Customer Relationship Management，客户关系管理）。

很多人可能不懂这是什么，**简单来说，就是一种外挂，可以实现很多批量操作的功能，让一个人可以轻松维护很多号**，B端企业内部管理便捷、协作高效。

企业微信有丰富的插件和SaaS（Software-as-a-Service，软件即服务）系统，也就是各种外挂，而个人微信严防死守。企业微信通过插件检测被删除好友，这便于掌握用户情况，进而做相应的活动激活客户。这样不仅方便了管理层，随时都可依据需要查看客户的信息；还可设置相关信息对外开放的人员，保证了信息的安全性。客户和群聊有数据统计，可以更直观地了解客户情况。

第二，用户运营更加高效，可使用的工具多。

单个企业微信能承载2万的好友数量，而个人微信最多承载1万人。企业微信有共享黑名单功能，有效防止广告人群等低素质用户进群骚扰。企业微信群功能更多，具备多样化的高效管理功能，如入群欢迎语、关键词回复、关键词监控、群成员去重、自动踢群、防广告、防刷屏等。企业微信支持永不过期的群活码，用户扫码进群满200人，群码会及时自动切换。活动期间，个人微信不能把用户全都分配给一个人，无法实现用户自动分流，而企业微信可以分流设置，可以随时替换号。

第三，企业微信触达用户效率增加，且方便管理（私聊群发、朋友圈等）。

社群可配置自动欢迎语，可配置机器人。企业群发比个人微信更高效，同时也便于管理。每月4次企业分配，分配方式对于员工更方便。单个企业号群发每日可以发送一次，企业负责人可以查看管理范围内的企业号发送记录（包含发送时间、人数）；而个人微信一对一群发，发两次200人，图片带有二维码的别人就收不到了。企业微信可统一配置聊天工具栏，有官方统一素材库，降低沟通成本。

第四，抗风险性强。

腾讯对企微的管理没有个微那么严格，用户不易被封号。员工离职可以将客户信息自动转移给其他同事，避免客户流失。

第五，对外展示更加专业。

对外形象专业统一，对客户呈现企业认证的个体信息，这也有助于提升企业的辨识度和专业度，增强客户信任感。

其实，企业微信相比个人微信的优势还真不少。同样，因为企业微信在不断更新迭代，上述优势未来可能还会发生新的变化。

下面，厂长就来讲讲**个人微信的两个核心弊端。**

第一个让人难受的弊端，是**个人微信号的高维护成本。**

随着WeTool被封，现在市面上基本没有公司敢开发微信个人号的辅助软件。这就意味着，官方不给个微管理接口的同时，也不允许任何第三方来做个人微信的辅助工具。也就是说，要做好个人号的精细化运营，你必须靠人工来做，比如聊天、打标签、发朋友圈等功能。

一个优秀的运营，极限可能就是运营5个号。如果这些号的利润无法支付得起这个人的工资，那么这活就干不了。

第二个致命的弊端，是**个人微信极容易被封，而且是永久被封。**

这点很致命，但必须理解腾讯为什么这么做。因为如果不这么做，一定会是"温水煮青蛙"，慢慢地，微信最后全是广告信息，没有人愿意打开微信。

一旦账号被封，就相当于互联网世界的房产被抄家了。罗马不是一日建成的，但可以毁于一旦。相信不少人都听闻过行业里经常传出微信批量封个人号的消息，令人胆战心惊，不寒而栗。

而对企业微信来说，上述两个问题，相对都有比较好的解决方案。

企业微信会提供很多接口，市场上也有许多企业微信的SaaS系统服务商，可以做很多个人微信根本无法实现的自动化、便捷化、批量化操作。

同时，腾讯目前对企业微信的风控忍受会更强一些，一般不会彻底封号，导致账号资产被抄家。

除了上述两点优势，企业微信还有**一个小的撒手锏：企业微信群**。各位可以再回头看看前面总结的企业微信群的诸多优点。其中有三项，分别是永久群活码、多样化且高效的群管理功能和共享黑名单功能，这三项简直是社群管理利器。所以我们私域创富圈的会员微信群都是企业微信群，因为功能太强大了。

以上是企业微信的三大优势。如果你希望降低私域管理成本，或不能忍受比较高的私域运营成本，那么推荐你使用企业微信。

一般来说，加大量的微信号，客单价不高，并且是集中式运营，这种一般会用企业微信。

而如果要做高单价、内容大IP、好友精细化运营，那么推荐使用个人微信。

厂长在用的两个超实用小技巧

第一个超实用小技巧：企业微信群！

企业微信群的功能非常强大。所以，现在我管理社群，都用的是企业微信群，特别适合B端管理。

第二个超实用小技巧：让一次好友申请，同时添加个人微信和企业微信。

还有这样的技巧吗？真的有。怎么做到？

1. *移动端设备上同时配置个人微信和企业微信。*

2. 好友添加申请时，先选择去企业微信，再回到个人微信好友申请页面，进行个微通过；然后回到企业微信的页面，再次通过。

这样，一次用户申请，我们就能够加两个号，一个企微一个个微，实现更好的覆盖。

在这里也做一下说明，可能这个方法在本书出版后，随着微信的版本更新会失效。在本书写作时，我亲测依然还是可以使用的。

最后，再跟你重复一下开篇的那句话：

微信是2C的，也是2B的，但归根结底是2C的。

现在，你能够理解这句话了吗？

加微力的评价标准及对应案例

回顾

加微力是制造流量的能力与捕获流量到微信的能力的乘积。它也是所有创始人操盘手最为关注的一种能力，因为每个人都有流量焦虑。

做流量加微信，按照内外部流量可以划分为五个场景，分别是：

外部——

公域算法推荐（内容涨粉）

公域付费买量（投放涨粉）

别人的私域（互推涨粉）

内部——

自有流量截留

自有私域裂变

针对每个场景，我都分享了一些做流量、捕获流量的技巧和背后的思考。接下来，我将再分享两个极有价值的观点。

第一，加微力是果，而不是因。加微力不强，有可能并不是流量问题，而是其他能力的问题。要解决这个问题，不应该只从流量端入手，而是应该思考背后更深层次的原因。

第二，加微信这个动作虽然简单，但不做与做，就是0和1的本质区别。

接下来，我对大家都会遇到的一个问题，做了一个透彻而又详细的解答：如果流量来了，是加个人微信还是企业微信？

最推荐的还是个人微信。因为个人微信可以发多条朋友圈，真人感也很强。但个人微信有两个弊端：一是高成本，因为需要人工运营；二是容易被封号。

那么如果你的业务要加大量微信号，客单价也不高，并且是集中式运营，那么推荐你加企业微信。相反，如果是高客单价，毛利也不错，养得起运营团队，那还是推荐加个人微信。另外，在私域运营中，企业微信群是一个神器，功能超级强大，也推荐给你。

以上就是有关加微力的主要内容。相信你能够意识到，流量打法千变万化，而且一个打法在不同人手中执行，效果可能完全不一样。

接下来，厂长拿自己来举例，简单说说我是如何布局私域创富圈的加微力的。

下面是我给我自己定的加微策略地图（P是Priority，即"优先级"，P1代表最高优先级，依次类推）。

外部——

公域算法推荐（优先级P3）

举例：做抖音、快手、视频号内容来加微

公域付费买量（优先级P2）

举例：通过投放操盘、私域、IP、创业相关的公众号来加微变现

别人的私域（优先级P2）

举例：通过参加线下活动，与别人连麦，受邀参加公开课来加微

内部——

自有流量截留（优先级P1）

举例：把直播间的流量加到私域流量

自有私域裂变（优先级P0）

举例：通过个人认同、产品交付以及利益机制来做会员裂变

展开讲之前，先插入一个小故事。

我的一个同学是美团的核心高管，有一次我问他：你们内部做不做头脑风暴？

他说他们不怎么做，因为头脑风暴很容易跑歪，在一个可能没有意义的地方讨论太久。

于是我问：那你们的新业务，譬如说要做地推，是怎么思考策略的？

他说：我们用分类和穷举。把所有可能想到的方式，逐个分类，尽可能穷举。然后把所有的一级标题、二级标题列出来，一个个讨论。这样才是正规打法，才能够在竞争中不至于被对手突袭。

当时，他的回答让我受到了极强的震动，让我现在都记忆犹新。

所以，我们要学会"军体拳"，拒绝"花拳绣腿"。也就是用体系化的思考来

开展我们的业务,而不要每天都在想,怎么用一个小妙招日涨10万粉。

现在,你可以仔细看看这个地图。我按照穷举的逻辑,列出了五个场景,应该如何加微信。我在每个场景都举了一个例子,譬如公域付费买量,如何通过投放相关公众号来加微变现。

同时,不同的场景我还做了优先级排序。

注意,优先级极其重要,我们能想到很多办法来做流量,但是一定要有优先级。为什么?团队精力是有限的,资源也是有限的!分清优先级,才不至于什么都想做但什么都做不好。

加微力评价标准

最后,我来给你理一下,加微力从1分到5分如何来评价。

1分加微力:没有获取流量的能力,也没有自有流量。

90%的人都是这样。

2分加微力:拥有获取流量的能力,但没有很好的加微意识。

这种也可以叫"爱加不加,佛系加微",大部分做自媒体的新博主,可能都属于这种思维。

具体表现,就是突然内容火了起来,然后不断痴迷于做新的内容,挑战更多的流量,但就是不知道,流量沉淀在私域才算资产,否则都是过眼云烟。

相比1分而言,2分拥有流量获取的能力,从这点上来说也很不容易了,已经打败了90%的人。

3分加微力:拥有获取流量的能力,也有很强的加微意识。

现在越来越多的2分博主都在往3分走了。

3分与2分的区别也很明显，加微意识是核心。

4分加微力：拥有持续且稳定获取流量的能力，加微意识强。

注意，这里的关键词是"持续且稳定"，这一点非常重要。很多短视频博主内容产出质量不稳定，就会很吃亏，因为一会儿加很多微信，一会儿又没有微信可以加，对业务影响其实是很大的。

买量加微信也是，一会儿买量多，一会儿买量少，团队受不了，心态容易崩。

所以，持续且稳定获取流量，要么就是内容能力极强，要么就是后端变现稳定，要么就是你本身业务的自有流量非常坚挺。

这个要求很高，如果能做到4分，基本就打败了99%的团队。

5分加微力：拥有稳定持续获取大量流量的能力，并在私域全面覆盖用户。

5分跟4分相比有两个提升。

一是能够持续获得大量流量，这种可能每个行业只有前几名能够实现。

二是能够在私域全面覆盖用户。我前面举了完美日记的例子：用一个不到2元的红包，就让一个用户既关注了公众号又加了个人微信，最后还进了群。这就叫私域全面覆盖。后续你刷公众号偶尔会刷到完美日记；刷朋友圈偶尔会看到"小完子"的动态；看聊天界面的微信群，也会被安利种草。关键是，人家流量还大。

这就是5分加微力。

下一章我跟你分享内容力——这是重点中的重点。

第四章

内容力

六种内容能力与核心三要素

顾名思义，内容力是团队或IP生产内容的能力。

私域资产五种能力中最核心的一个能力就是内容力。在私域资产的核心公式当中，只有内容力是平方。

$$私域资产 = IP力 \times 加微力 \times 内容力^2 \times 产品力 \times 运营力$$

引流需要内容，成交需要内容，长期维护客户关系更需要内容。之所以内容力是平方，是因为内容是驱动私域的燃料。

假设我跟别人有着相同的产品、相同的运营、相同的IP定位以及相同的加微策略，那么如果我的内容力比别人好一点，可能就会给营收带来数量级上的差异。

为什么前面对IP的定义有一种叫"内容大IP"，是因为在这种商业模型当中，IP本人一般都负责整个私域资产五项能力中最重要的一部分——内容，比如凯叔、吴晓波、大蓝等，所以我们称之为内容大IP。

我把内容力细分成了六种不同形式的内容能力，也总结了一些核心的要素，接下来给你仔细拆解。

六种内容能力

首先我把内容力做一个分类，分别对应不同的场景：

短图文——朋友圈、社群和微博

长图文——公众号、出书

短视频——抖音、快手、视频号

长视频——B站、小红书、视频号、录制课程

直播——抖音、快手、视频号、私域

线下演讲——大会、论坛、会销、线下培训

当IP不容易，场景多，能力也多种多样。

在当前的私域场景中，短图文内容是核心，因为私域的朋友圈、社群、私聊其实用的都是短图文的内容能力。同时我认为，未来直播能力会越来越重要，特别是随着视频号和视频号直播的推出。本书中，我们对直播能力也会专门探讨。

先回到短图文能力。

我们过去讲过两种IP，分别是内容大IP和品牌小IP。内容大IP一般都具备这六种当中的多种能力，而品牌小IP会以短图文能力为主，发朋友圈、私聊和运营社群，搞定这三个场景就够了。

所以，短图文能力也是内容大IP和品牌小IP共同需要的一种能力。

对内容大IP而言，其他五种内容能力，多精通一种，内容力都会有显著提升，年收入就可能上升一个数量级。

比如，我现在每天发圈和直播，用的是短图文和直播能力；我如果发力短视频，而且做得好，将会带来大量的流量，会让我的私域资产有一个数量级上的提升。所以我们说，内容是平方！

内容三要素

要素一：真实真诚。

真实是为了避免人设崩塌。

我们经常说到一句话：说了一个谎，需要一百个谎去掩盖。作为一个IP，随着你的影响力越来越大，会有很多人来盯着你。即使你的情商再高，能够让再多人喜欢，你也一定会有黑粉或嫉妒你的人。他们会盯着你的每一个细节，希望能够找到一些硬伤，让你人设崩塌，吃"人血馒头"。

所以，一个IP只有真实才能走得更稳、更远。

其次是真诚。真诚是为了能够快速拉近和用户的距离，让对方能够卸下心里的防备，而能够做到这一点的前提是自己先卸下防备。

一眼看透别人，是一种能力。而一眼被别人看透，也是一种能力。真诚，就是主动被别人一眼看透。这个能力发挥得最好的就是罗永浩。他在舞台上，所有表现都是让别人能够一眼看透他，从而快速建立信任。

在前面我讲到过故事黄金圈，为什么说4F故事是最好的故事？因为你将自己的Failures（失败）、Flaws（缺点）、Frustrations（沮丧）、Firsts（初次经历）这四类故事讲了出来。特别是前三类，就是让别人能够一眼看透你，本身就需要很大的勇气。

你可能听过，马斯克面对记者的镜头，说被自己的偶像否定而伤心的故事——第一个登上月球的阿姆斯特朗说，马斯克绝对不可能成功。

这种故事就是自己的4F故事，说出来需要勇气，而足够真诚的人，全世界都想帮他一把。

所以，真实真诚，是搭建私域资产的地基。地基稳了，房子才建得结实，后面才能够造得高、造得快。

要素二：持续产出。

持续产出有两方面的意义。

从用户的视角而言，这是一种存在感和信任感的体现。 这方面的鼻祖级案例，可能要数罗振宇的"每天60秒"了。

罗振宇在公众号每天发一段60秒的语音，讲一段自己的心得，然后配上一个关键词，回复后可以查看一篇文章。厂长特地查了一下，他从2012年12月就开始坚持这件事，一直到现在，已经有3000多天。而他说要坚持10年，到2022年12月25日。

这件事情让他收获了极强的存在感和信任感，而且，他对于60秒的偏执，还体现了他对内容作品的极致追求。现在罗振宇老师的创业很成功。我相信，每一个用户都会因为罗老师这一个小小的坚持，而增加一份对他的信任。"得到"的每一个员工、每一个合作伙伴也都会将此视为一种靠谱的体现。

这样的人，合作还有什么顾虑吗？这样的人，把钱给他还会有什么问题吗？

从内容生产者的视角而言，持续产出是一种习惯，一种保持不断精进的状态，一个贴近用户的正反馈循环。

第一，有了习惯，才可以持续地训练自己。我们经常讲一万小时定律，把一万小时拆解一下，意味着每天都需要花大量的时间。如果没有这些时间作为基础，你的起点再好也都是业余，而不是专业。

第二，持续产出，其实也是保持状态，特别是保持不断精进的状态。一个篮球运动员很多年不打球了，就会手生。我自己很久不写作之后再提笔，也需要一段时间才能进入状态。只有保持不断精进的状态，内容生产者能够时刻投入心流状态，进步才能神速。

第三，这也是一个贴近用户的正反馈循环。做内容切忌憋大招。当然，这里指的是做商业相关的内容，我们必须持续产出，把内容投放给市场，快速看反馈，看用户评价和口碑，看内容相关的数据，从而得到一个客观中立的结果，逐步进入做内容的"正反馈循环"。

这种循环，不仅可以让你知道自己做的内容怎么样，市场究竟认不认可，还能让你的每次进步都给自己带来正反馈，强化你做内容的动力。

所以说，不管是从潜在客户视角，还是内容生产者本身的视角而言，持续产出这个道理虽然简单，但是无比重要。

要素三：干湿结合。

最纯的干货，容易把人噎着。什么内容是大家熟知的最纯粹的干货呢？

比如高中数学和物理教材，里面的内容干货满满。这样的干货固然很有价值，但如果教材的编排和教师的教学都非常无趣的话，我们学习的主动性其实会受挫。

学生也好，读者也好，观众也好，人本质上是不爱学习的，所以我们做内容、做专家人设的时候，一定要干湿结合。你还记得初高中你印象最深刻的那个老师吗？有些老师只会讲课，会显得无趣；而有些老师只会讲故事讲段子，不会教学，学生虽然很喜欢，但是学生成绩差、平均分低，可能会被学校劝退。

我们以做高商业价值IP为目标，在内容产出上一定要干湿结合。

干货一般指的是认知、逻辑、框架、总结、方法论、专业名词等，可以让IP建立起特定领域的权威感、专业感，专家IP，这个是变现的前提。

如果没有了干货，只是搞笑、讲故事、讲段子、讲情感，大家很爱你，但是没有人会付费。这也是为什么很多搞笑、剧情类的千万粉丝博主无法变现的原因。

湿货，一般指的是情绪、故事、笑点、泪点、颜值等，这些可以让IP建立起丰满、鲜活的人设，产生强人格魅力或者鲜明的性格。"一个有趣的人"往往是对人很高的一个评价。很多体制内的老师在抖音、快手、视频号上不受欢迎，是因为内容根本就没有湿货，一开口就是说教，这样的内容根本没有人爱看。

干湿结合最典型的案例，就是樊登读书的樊登老师。樊登老师应该是中国讲书第一人了。他的内容就很好地做到了干湿结合：极其有逻辑，有体系，能抓住重点，有干货，同时还能很有趣，各种故事张口就来，不管是自家的事还是团队的事，都能够跟书中内容无缝连接。听众在听的时候，有强烈的代入感；听完后，还有强烈的收获感。

正是因为有这样的内容，听众才会持续收听、持续付费。所以，我们经常听到的"有趣有料"是干湿结合，"有故事有干货"是干湿结合，"有情绪有逻辑"是干湿结合，"又催泪又发人深省"是干湿结合，"明明可以靠脸，但偏偏就要靠才华"也是一种干湿结合。

纯干货会噎着人，而且人本质上其实不爱学习；纯湿货没营养，大家开心之后并没有获得感。所以两者不可偏废。

做好短图文内容的十条心得

现在，你对短图文内容的场景应该熟悉了——朋友圈、社群、微博等，其中最主要的是朋友圈。

短图文能力强的主要体现，就是能不能写上几句话、配上几张图，就搞定朋友圈好友，进入对方的意识观念中，让潜在客户记住你，并且愿意为你付费。

短图文能力应该是所有的内容细分能力中生产成本最低的，但也是IP使用得最多的，还是内容大IP和品牌小IP都应该掌握的核心内容能力。

有些人说，不就是发朋友圈嘛，随便写一段话，配几张图，每天随便发发。

没有这么简单。

既然我们把它当作一项私域资产，那么每天发几条，应该怎么来发，这里头都有很多讲究，而且有大讲究。

发财等于1%的灵感加上99%的汗水。要认真发朋友圈的话，既拼脑力，也拼体力。厂长以前是一个一年只发6条朋友圈的人，后来我自己做起了私域和IP，一天就会发6条，多的时候发十多条，得益于长期经营朋友圈，后来我也取得了一定的成果。在创富圈上线的24小时，厂长单纯靠着发朋友圈就让私域创富圈一炮打响，实现了100多万元的营收。而在恒星私董会上线的1天内，我靠着13条朋友圈，1天变现200万。

这里，厂长就结合自己发圈的亲身体验，以及观察到我我朋友圈当中那些特别会写朋友圈的IP的做法，总结了十条心得，带你仔细捋一捋，学习如何工业化、标准化、体系化地提升IP的短内容能力，成为朋友圈变现王者。

心得一：什么是"发圈思维"，为什么要养成"发圈思维"

做私域IP，日常一定要养成发圈的思维和习惯，甚至保持好发圈的频率。我所认识的一些内容大IP，每天要求自己发10条以上朋友圈。这里其实就对应了前面内容三要素当中的"持续产出"。

关于持续产出的好处，前面已经讲得很清楚，这里我来重点讲一下"发圈思维"以及为什么要养成"发圈思维"。

发圈思维，顾名思义，就是每天要坚持发朋友圈，随时随地捕捉自己日常的灵感，并编辑成一篇朋友圈短图文进行发布和互动。

很多人应该都看过一部电影《楚门的世界》。楚门从一出生就是一场直播真人秀的主角，但是他自己不知道，后来根据周围人一些怪异的举动，他自己慢慢发现了这个秘密，原来自己是流量大网红，无数人都在观看自己生活的直播。最后，楚门逃离这场真人秀，回归平淡的生活。

其实，对于IP、明星而言，发圈思维就是自导自演一场自己为主人公的"楚门的世界"，把自己的工作、生活、想法主动披露出来，通过朋友圈降低链接成本，提升社交效率。

讲一下我的亲身感受。以前一年只发6条朋友圈的我，在现在一天就能发6条朋友圈之后，每天都会有很多人经人推荐主动加我，或主动拉群加我，所以被动的好友增长，每天我都会有不少。

另外，跟朋友见面，不需要我介绍自己的情况，对方都知道我最近在做什么，而对方也能快速筛选好信息。当我需要某某资源的时候，对方就主动给我介绍，这就是提升社交效率的体现。

"发圈"这件事一开始有点难。总是会困扰发什么好，特别是男性创业者，总会觉得，有些事情发出来矫情，不说又憋屈。但是当你形成习惯之后，你就慢慢会养成"发圈思维"和"发圈习惯"。你会发现，生活中不缺少美，而是缺少发现美的眼睛。

坚持把这件事做下去，用心对待每一条朋友圈，在所有好友心中直播你日常所思所想，你也一定会享受到"发圈思维"给你带来的社交红利。

心得二：什么样的朋友圈内容值得被生产和发布

上一条我们讲到，要养成发圈思维以及固定的频率。那么具体的每条发圈内容，我们应该如何判定要不要发？

首先，朋友圈内容是发给朋友看的，不是自己私密保存的，所以一定要站在对方的思维来审视，你这条朋友圈对方是否爱看。

否则，如果只是流水账或者没有任何意义的内容，譬如广告，那么久而久之，你的朋友都会把你屏蔽。在这里，厂长学到了一个口诀，叫"情趣用品"四原则，我们做短图文内容比如发圈之类的，就可以参考这四个原则来判断这条内容是否值得发布。

"情趣用品"四原则——

情：有情绪

趣：有趣味

用：有用

品：有品位

情，指的是带有情绪。励志的、感动的、正能量的、让人感动的、让人痛哭流涕的、让人有家国之情的，这样的内容，极其容易获得超多的点赞和个人认同。

厂长有一条朋友圈，讲的是面对一位即将破产的创业者的求救时，我作为创业者内心的纠结。这也是一种真实情绪的释放，收获了很多的点赞。

趣，有趣味。比如一些幽默的段子、自黑的段子，新奇、打破常识的内容，包括让人会心一笑的新闻等。

比如，厂长转发过一个很火的段子，配上了一点自己的评论，效果非常好。这个段子调侃了创业者成功前后截然不同的境遇，当时在朋友圈传遍了——

以前投资人对泡泡玛特创始人的评价：创始人学历平平，没正经上过班，说起话来表情平静，没感染力，团队也没精英。

上市后，每一位投资人都提到：王宁性格沉稳，话不多，喜怒不形于色，拥有"消费创业者"的许多优良品格。

用，有用。能够让人有收获感，能够学到东西，认知有提升。我经常在朋友圈分享认知，也分享一些关于微信、私域的实用小技巧，这些就属于有用的内容。

品，有品位。朋友圈其实就是一个花式"凡尔赛"的地方，大家其实都会把自己美好的一面展示出来。如果是长得美的女性IP，也特别适合发一发有品位的自拍。

我在朋友圈分享过公司发展5年间的5场年会的照片，也算是一系列的团队自拍，可以从中看到公司快速发展的变化。这是事实，也是一次"凡尔赛"。这个朋友圈收获了满屏的点赞。

以上就是关于优质短图文内容的"情趣用品"四原则，是不是很好记？每次发之前，自己对号入座一下，久而久之，发圈的内容就会越来越优质，大家也越来越爱看。

心得三：如何对发朋友圈做规划

对于朋友圈，你要有一个意识，就是每次发圈，可能只有10%~30%的好友能看到。朋友圈没有阅读数据，这只是我的一个估计值，但根据我的社交经验，如果你要让你的所有好友全都知道一件事，可能需要在不同的时间用不同的内容发5~10遍，这样才能完全覆盖。

因此，我们要对每天的发圈做好规划，并不断累积素材。譬如，这是我的一个操盘手朋友做私域IP的朋友圈运营表格。

朋友圈运营规划模板							
周一	周二	周三	周四	周五	周六		周日
7:30-9:00早高峰时间						周末11:00-14:00	
正能量	干货	情感/段子	干货	情感/段子	正能量		干货
11:30-13:00吃饭午休						周末16:00-18:00	
干货	粉丝福利	干货	粉丝福利	干货	粉丝福利		粉丝福利
17:30-19:00下班时间						周末18:00-20:00	
好评反馈	搞笑段子	好评反馈	好评反馈	好评反馈	好评反馈		好评反馈
21:30-23:00睡前放松						周末21:30-23:00	
干货+种草	干货+种草	互动	干货+种草	干货+种草	干货+种草		互动

还有一点要注意，两条朋友圈不要相隔太近。如果你在别人的朋友圈被刷到的时候都是连在一起的，别人可能会觉得你太刷屏了，从而屏蔽你。

这里再举个我个人的例子。私域创富圈上线时，我找了100多名大咖站台背书，而我把5个大咖作为1组来发布朋友圈，一共20组朋友圈。前面17组，每天发1组。后面3组，则是在创始会员停止招募的时候，也是售卖的高峰期，每过1小时发1组。这样大家不觉得我发得重复，同时，我也基本让所有看朋友圈的好友都刷到过其中的几组，从而建立起大咖云集来站台的感觉。

可能有人会不解：花那么多心思发圈，累不累？

既然咱们是靠这个吃饭的，就应该把最好的一面以最专业的姿态展示出来。这才叫专业。

心得四：如何用PDCA循环去优化发圈内容

PDCA循环或者"戴明环"，其实是质量管理的一个非常经典的做法。PDCA是英语单词Plan（计划）、Do（执行）、Check（检查）和Act（处理）的首字母的组合。

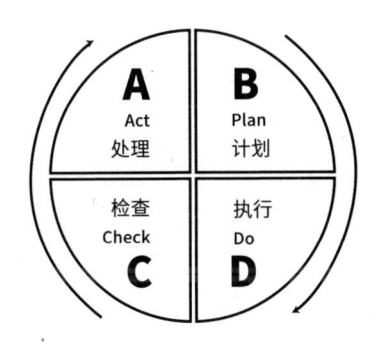

```
     A        B
    Act      Plan
    处理     计划

    检查     执行
    Check    Do
     C        D
```

PDCA循环就是按照这样的顺序进行质量管理，并且循环不止地进行下去的科学程序。其实后面的其他内容力以及产品力、运营力都会用到PDCA戴明环。

我之所以对它印象那么深刻，是因为早在微博时代，我就经常听一些千万粉丝的微博大V分享，说他们如何做内容：

他们会先Plan，比如每天会发20条微博，要计划好发什么内容，以及计算预期数据；

然后Do，执行制订的计划，完成20条微博的发布；

接下来Check，收集每一条微博的数据，包括阅读数、点赞数、评论数、转发数等，看看是否符合自己的预期；

最后Act，处理检查的结果，对数据好的微博加以肯定，并在后续的计划中增加类似的内容，而对数据不好的微博进行反思，思考为何数据不好。

这就是一次PDCA的循环。微博是这样，微信发朋友圈也是这样，需要不断根据用户的反馈数据来优化朋友圈文案。

我认识一些做品牌小IP的，一个IP几百个微信号，团队每天都要对头天发布的内容数据做整理，并根据内容反馈和营收情况来不断调整优化接下来要发圈的内容。

这就叫专业的短图文内容运营能力。我自己运营朋友圈，也会非常关注相关数据，每个号的点赞、评论，我都会看一遍。

心得五：发圈时一定要注意格式

如果你碰到大段文字的朋友圈和被折叠的朋友圈，会是什么感觉？是不是不想看了，也不愿点开，直接滑了过去？

注意，花了那么多心血来编辑内容，千万不要在格式这个地方省事。如果是一句话，那么直接发就可以了；如果是大段的文字、很长的句子，花点工夫稍微注意一下，就会让你的内容可读性好很多。

这里推荐发朋友圈的两个文字格式：

1. 长句加分段空行
2. 短句+分段

长句加分段空行。分段后要空一行，这样阅读体验会很好。

短句+分段。注意，这里短句不要用标点，一个短句下来就又是一个短句，这种格式在手机竖屏时的阅读体验会很好，是一种扫着看的感觉，不累。

有些信息可能比较重要，但是朋友圈对大段文字只展示五六行，更多就会收起。

做收起的处理，也是微信产品经理的设计，因为不希望内容霸屏。那么如果碰到比较重要的内容，你就是希望霸屏怎么办？这里有个小技巧，就是把内容以评论的形式发出，就不会折叠。

再教你一招。如果是一个IP、多个号，那么在不同的号发同一个朋友圈的时候，直接复制内容，发布后会被折叠成一行。怎么办？

这也是微信产品经理的刻意设计，有两种办法可以避免。第一种是直接再次手敲，把内容用输入法输入一遍。第二种是用特定的输入法。安卓和iOS都有很多超级实用的输入法。譬如不折叠输入法、键盘侠、微商输入法等，可以去应用市场搜索到。

用这个输入法来复制粘贴，就能自动模拟手打的效果，发布后就跟正常发布是一样的效果，顺利实现多号同步。

心得六：如何让金句信手拈来

我们在前面讲标签的时候，讲过金句标签。对短图文内容而言，金句非常非常重要，甚至一个高认知的金句结尾的朋友圈，就能够引发无数的点赞。

我结合自己所学所感，给你整理了制造金句的两类技巧，它们是：造力度、造反差。每一类我都梳理了三个小技巧，一共六个，用好任意一个，你都可以写出直击人心的金句文字钉。

第一类，造力度。有三个小技巧：

1. 用词讲究，如使用程度更高的动词
2. 造力度，使用比较级和最高级
3. 比喻和隐喻

1. **用词讲究**。可以使用程度更高的动词，或者让关键词押韵、重复等。比如这句话，读起来平淡无奇："让小孩子不断分心，会影响他的智力。"但如果改成这样："扼杀孩子的大脑，你只需要在他玩玩具的时候不断打断他。"用了"扼杀"这一词后，整个句子的力度就强了很多。

再举几个例子——

- 怀特海说："畏惧错误就是毁灭进步。"
- 尼采说："凡杀不死你的，必将让你更强大。"
- 社交是一种技能，独处也是。（重复）
- 出国的经历给你带来的不只是那一份底薪，更是你面对这个世界的底气。（押韵）

2. **使用比较级和最高级**。譬如：

- 作为CEO，我要为这家公司里发生的一切事情负责，我更要为这家公司里该发生但却没发生的事情负责。
- 人生就像走钢丝，往前不容易，但倒退或停下观望更危险。
- 对于一个孤独的灵魂，工作是最好的容器。

3. **比喻和隐喻**。举几个例子：

- 技能的本质是肌肉记忆。

"肌肉记忆"就是一种比喻，把一个抽象的技能比喻成了人们可以快速感知的一类动作。

跟私域有关的也有一句，本书前面篇章提到过：

- 很多人不懂私域，就像守着金矿在乞讨。

使用比喻和隐喻，会把一个抽象的概念具象化，读者有一种"哦，原来就是这样"的感觉。

第二类："造反差"。有三个小技巧：

1. 句式"不是……而是……"
2. 句式"A与B的不同"
3. 通过相同句式，表达不同观点

1. 句式"不是……而是……"。这是最好用好记的一个技巧，不断把反差扩大，大家就能够快速记住。譬如我在创富圈前面的课程中提到的：

- 索罗斯说，重要的不是做出正确判断的频度，而是做出正确判断的量级。
- 成功者不是从不失败，而是从不放弃。
- 重要的不是当前的位置，而是方向和速度，以及加速度。
- 历史不会重演，但是会押韵。

2. 句式"A与B的不同"。譬如：

- 安全和安全感是不一样的。
- 将事情做满，还是将事情做好，其实是很不一样的。我们容易看到将事情做满，但是容易忽略把事情做好。

3. 通过相同句式，表达不同观点。譬如：

- 战略上藐视敌人，战术上重视敌人。
- 经济，短期看需求，长期看供给。
- 竞争竞争，何为竞，何为争？同向为竞，相向为争。

句式工整以后，给人的感觉是不是很不一样？是不是更容易被记住？这也是为什么对联这个习俗自古以来得以延续至今，因为它就是古代的金句！

以上是六个关于金句的小技巧。当然，这些只是术的层面。**真正的核心，还是要有对事物极强的概括能力和熟练的文字运用能力，需要日积月累不断打磨，才能让金句信手拈来。**

那如果自己没有这样的写作能力，怎么办呢？这里再分享最后一个小技巧：背诵。可以收集和抄录金句，建立自己的金句库。俗话说：熟读唐诗三百首，不会作诗也会吟。我大学的时候就有一个小本本，把自己看到的文章里觉得不错的句子都记录下来，就像是高三的错题本一样，没事的时候就翻一翻。

现在我依然保持着这个习惯，也收集了很多的金句。所以我的很多内容都会往里面加一些金句，希望大家能够在多年之后依然记忆犹新。所以我非常建议各位也养成这样的小习惯，自己建立一个金句库，把自己想到、看到的好句子记录下来，反复查看，久而久之，你也能够妙语连珠，让人赞叹不已！

心得七：多给自己的客户朋友圈点赞、评论

你希望自己的朋友圈有更多的点赞和互动，同样，你朋友圈里，所有发圈的朋友也希望得到来自你的点赞和评论。

如果你要搞定一个客户，经常给他点赞是一个拉近你们俩关系的行为。这是一个细节，当然前提是你有足够多的时间。

心得八：重要的社群要多互动，保持存在感

对于一些比较重要的社群，要多互动，多发短图文，像运营朋友圈一样，参与到一些社群当中。曝光度就是别人对你的印象。当然，前提是发的内容和主题符合群的主题。

心得九：分享任何链接到社群，都最好带上评论

在群里互动，有的时候还要会发链接。我经常看到一些人发链接到群里，主题如果匹配还好，要是让人摸不着头脑，还可能会被判定为广告，被直接请出群或者被要求撤回。

所以，把文章分享到任何群最好加上自己的几十字评论，这样会显得更加走心。分享朋友圈亦然。

心得十：在不同的社群，发的内容最好因地制宜

如果你要把短图文内容分享到不同的社群，那么最好结合群的特点，对称呼、语气等做微调。这样更能显得走心，让大家觉得你是专门为这个群而发的消息，而不是群发。

这其实是精细化运营里非常重要的一个思路：如何在一对多的沟通中，模拟一对一的效果？

有一种极端的朋友圈运营方法，是只对一个人可见。譬如我要搞定某个人，我就去记住他的喜好、标签，然后针对这个人来发布朋友圈，仅他可见。这是一种极其精细化的私域运营方法，成本极高，所以一定是有特别的目的才这么来做，具体的应用场景大家自行来思考，厂长就不做过多展开了。

做好长图文内容的"2+1"思维

关于长图文，分享一句话：

掌握了影响群众想象力的艺术，也就掌握了统治他们的艺术。影响群众想象力的并不是事实本身，而是它们发生和引起注意的方式。

这两句话是传播学百年经典《乌合之众》中的金句。

长图文内容的主要使用场景，在私域中是公众号。当然，也有很多其他的场景，如头条号、百家号、博客、美篇、小年糕等。

此外，长图文能力还是写书、制作长视频以及线下演讲的基础能力。大家还记得私域创富圈宣发的那篇7000字的长图文吗？我在2021年3月1日启动私域创富圈时，就是靠着这篇长图文。这篇文章也是我的公开信，标题是《肖厂长：7年3000万私域沉淀，从300好友到公司年入6亿，今天想邀你搞个"大事"！》。

这篇文章获得了1万多次转发和"10万+"的浏览量，并直接带来了24小时100多万元的销售额。当天在流量圈引发了一大波刷屏，也让几百万人看到了肖厂长这个名字。

所以，如果说短图文内容可以让别人碎片化地想到你，那么长图文是能够让别人被你深度影响、产生付费，或引导下一步动作的重要内容能力。

长图文更适合内容大IP，比如吴晓波、刘润、水木然，他们都是长图文内容的佼佼者，靠着长期笔耕不辍输出长图文，建立起高认知、高势能的人设，实现超高的商业价值。

接下来，厂长将结合自己多年写博客、写文章、写书、写公众号的经验，以及跟大咖学习请教的心得收获，跟你分享如何写好一篇打动人心的长图文。

首先，我们给长图文做分类：

从行业来分，可以分为体育、医疗、教育、职场等不同类型。

从形式来分，可以是纯文字、"文字+图片"和纯图片三种类型。

从文体来分，可以分为记叙文、说明文、议论文、应用文等。

这里偷偷说一句，厂长人生中第一篇原创的"10万+"爆文是2015年11月4日的《请爱护你身边的公众号小编，因为他们越努力越没人看》，这就是一篇以图片为主的长图文。

长图文的分类逻辑很多。厂长从高势能的IP打造，特别是商业变现的角度出发，讲一讲做好长图文内容的"2+1"思维。

"2"代表故事思维和逻辑思维。 一个是讲故事，一个是讲知识。

讲故事的代表IP有：吴晓波（商业故事），新世相（文化故事）。

讲知识的代表IP有：半佛仙人（商业知识），孤独大脑（思考决策），卢克文（国际政治），占豪（时事评论）。

这两种都是极其重要的长图文底层能力。掌握好这两种能力，你可以写出有传播力的长图文。

"1"代表销售思维。 如果你具备这个思维，那么通过讲故事、讲知识所获得的流量，将会具备商业价值。

而这三个思维都具备的话，你就无敌于天下！

一、故事思维：如何写好一篇故事型长图文

重复一下开篇的金句：

掌握了影响群众想象力的艺术，也就掌握了统治他们的艺术。影响群众想象力的并不是事实本身，而是它们发生和引起注意的方式。

特别是第二句话："影响群众想象力的并不是事实本身，而是它们发生和引起注意的方式。"相比平淡的现实、事实，大家更喜欢容易传播的故事，所以才有"艺术来源于生活，但高于生活"这个精辟的总结。举个简单的例子你就明白了。

李嘉诚在公开场合说自己戴西铁城，其实李嘉诚是百达翡丽亚洲前三的收藏家。"华人首富是百达翡丽收藏家"，这是没有任何冲突的事实，也没有传播价值；而华人首富依然戴着一千块的西铁城，还不断展示自己的表，说永远比别人快半小时，这就是有传播力的故事，让大家能够记住这个勤俭而又守时的企业家。

还有比如扎克伯格开10万块的车上班，董明珠的儿子开10万块的车，牛根生系18元的领带，王永庆一条毛巾用了27年……这些才是有传播力的故事。

那怎么去写好一个故事呢？其实都有方法。来自台湾的许荣哲是讲故事的顶级高手，他被称为"台湾70后最会讲故事的人"。

他的书《小说课》总结了一个故事黄金模板，也就是故事思维的核心秘诀——故事七步法。问完这七个问题，你也可以写出一个精彩的故事：

1. 目标：主人公的"目标"是什么
2. 阻碍：有了目标后，他遇到了什么"阻碍"
3. 努力：他如何"努力"去克服阻碍
4. 挫败：努力之后，主人公遭遇到了"挫败"的结果
5. 意外：结果不理想，那么超越努力的"意外"可否改变这一切
6. 转弯：意外如何发生，故事情节如何"转弯"
7. 结局：最后的"结局"是什么

这里我总结了两句话来概括这七步：

目标有阻碍，努力但挫败

意外来转弯，结局很圆满

我们看看家喻户晓的《西游记》就会发现，师徒四人经历的九九八十一难基本上都有这个模板。

1. 目标：师徒四人要去西天取经，要走向下一段旅程。

2. 阻碍：一路上碰到了各种魑魅魍魉牛鬼蛇神要把唐僧抓走，吃唐僧肉。

3. 努力：三个徒弟奋力迎战，孙悟空一开始战斗力爆表，后期有点扛不住。

4. 挫败：来看沙僧广为流传的四个金句：

大师兄，师父被妖怪抓走啦。

二师兄，师父被妖怪抓走啦。

大师兄，二师兄被妖怪抓走啦。

大师兄，师父和二师兄都被妖怪抓走啦！

5. 意外：经过一些意外，师父或者徒弟突然发现妖怪是天庭某个神仙的宠物。

6. 转弯：去天庭找神仙，收走妖怪。

7. 结局：顺利通关，走向下一段旅程，最终取得真经。

整个《西游记》，就是一个故事七步法的闭环；而《西游记》的每一个独立的小故事，都可以套入故事七步法的框架。具备传播力的故事，往往符合这个框架。

厂长再以自己创业的故事为例：

1. 目标：毕业后入职体制内，想要不一样的生活，想要改变自己的命运。

2. 阻碍：工作占据了大量的时间，自己也没有做过互联网，也没有任何人脉资源以及圈子。

3. 努力：尝试兼职创业，创业6次。

4. 挫败：因为不懂互联网，我连续失败6次，陷入深度的自我怀疑：我这辈子是不是就这样了？

5. 意外：一个学长让我关注一下微信公众号的机会。

6. 转弯：我开始研究并且做起了公众号、社群和个人号。

7. 结局：经过7年的努力，我沉淀了3000万人的私域，实现公司年入6.3亿元。

最后，再拿老罗的"真还传"来举例：

1. 目标：老罗做锤子手机失败，欠下6亿元的债务，要还债。

2. 阻碍：那时老罗已身无分文，还被限制了高消费，个人信誉接近破产。

3. 努力：老罗尝试各种路子来还债，甚至卖起了国外的鲨鱼皮黑科技。

4. 挫败：但结果都不理想，市场不买单。

5. 意外：疫情防控导致直播带货行业发展。

6. 转弯：老罗看完了招商证券的行业报告后，宣布自己入局直播带货行业。

7. 结局：老罗在脱口秀上宣布，自己6亿元的债务还了一大半，即将上演"真还传"。

有没有感觉到，所有打动人心、值得传播的故事原来都是一样的逻辑？

在故事七步法的模板之外，还有一个更高阶的版本，来自经典书籍《千面英雄》。坎贝尔把世界上不同文明的上千个神话故事总结出一个模板，这个模板包括三大历程、十四个关键节点。

一、启程——

使命的召唤

拒绝召唤

超自然的援助

跨越第一个阈限和鲸鱼之腹

二、启蒙——

考验之路

遇到女神

妖妇的诱惑

与天父重归于好

奉若神明和最终的恩赐

三、归来——

拒绝回归

借助魔法逃脱

来自外界的解救

跨越归来的阈限

两个世界的主宰以及生活的自由

这个模板的叙事要更庞大一些，情节也更加生动、丰满，包括使命的召唤、遇到女神、与天父重归于好等。故事七步法更侧重一个个小故事，而《千面英雄》则更侧重个人英雄的打造，是很多超级大片的标准模板。

故事七步法是故事思维的核心。有了这个主线脉络后，故事要变得更加有传播力，还需要有主题、情节、情感、细节和心理活动，这些方面也很考验IP的内容功力。在这里就不做过多展开，感兴趣的话，我给你推荐三本书，分别是刚才提到的《小说课》和《千面英雄》，还有罗伯特·麦基的《故事》。三本书都是畅销书，有的还被公认为编剧的必读书籍。

讲完了故事思维，接下来我们讲一讲逻辑思维，如何写好一篇知识干货型长图文。

二、逻辑思维：如何写好一篇知识干货型长图文？

现在知识型内容越来越走红，不管是在朋友圈还是在B站、抖音、快手，大家对于知识干货的需求越来越旺盛。

最近几年，有很多篇知识型文章曾经刷爆朋友圈，比如"10万+"的《复利的谎言》（孤独大脑）和《X型文案与Y型文案》（李叫兽）。

特别是第二篇——李叫兽的《X型文案与Y型文案》，就是典型的知识干货型长图文，其逻辑论证、案例描述都极为出色，据说全网有上千万的浏览量。而李叫兽更是凭借这样的势能和IP，让公司以上亿元的估值被百度收购，年纪轻轻就实现财务自由。

所以，如果一个IP非常擅长输出干货和知识，这个IP的势能和商业价值会非常高。

我是一位理工男，特别喜欢把事情捋顺、捋清晰，现在行走江湖也是以"干货"为主打，我的创业手记、公众号里，故事占比相对较少，基本都是干货，这方面是我的拿手项目。

要写一篇知识干货型的文章，我认为最重要的就是逻辑思维。

当我们评价一个人逻辑清晰、有条理，这其实是一个非常高的评价，因为大多数人都只会跟着感觉走，想到什么就说什么。关于如何有逻辑地表达、论证自己的观点，有一本"圣经"叫《金字塔原理》。

这本书我大三时就读过。当时我想过加入咨询公司，因为听说咨询公司赚钱多，所以就听学长学姐的话，把这本书买过来看了一遍。后来听说创业更赚钱，我就没去咨询公司，转行创业了。**但是创业后我发现，创业其实更需要逻辑思维**。创业者分析问题、判断市场、说服他人、做工作规划等，都需要强大的逻辑。

《金字塔原理》也是一本出版了40多年的神书，在我的创业历程中，听过无数人推荐过这本书。在美团，《金字塔原理》还被称为通往高管之路的四大必读书籍之一。我现在写知识、写文章、做课程，依然在用《金字塔原理》当中的技巧。

《金字塔原理》的核心技巧，就是任何一个话题都可以归纳出一个中心论点。

注意，这里有个关键词"中心论点"，也就是我们的结论、核心观点。然后，这个中心论点可以找到三到七个论据来支撑。而每个论据本身又是一个论点，同样也可以再找到五到七个分论据……依次类推。这样的结构，就像是一座金字塔，所以，这个方法论被称为"金字塔原理"。

怎么样，是不是很形象？我这本书就是按照这样的逻辑来展开的。我们的中心论点就是"私域资产五力模型"，也是贯穿整个课程的核心公式：

$$私域资产 = IP力 \times 加微力 \times 内容力^2 \times 产品力 \times 运营力$$

要想打造能够持续变现的私域资产，你必须提升这五种能力。这五种能力是核心论点的论据，但又分别构成了一个论点。

那么如何提升每一种能力呢？我们给五种能力的每一种都单独做一个篇章，每种能力都有几节内容作为论据论证，譬如本章的内容力，我就把它分成了六个更细分的能力，分别是短图文、长图文、短视频、长视频、直播和线下演讲。

在本节内容中，长图文内容能力又分为三个思维，分别是故事思维、逻辑思维和销售思维。

像这样一环套一环，就构成了整个内容体系。这就是金字塔原理的核心。

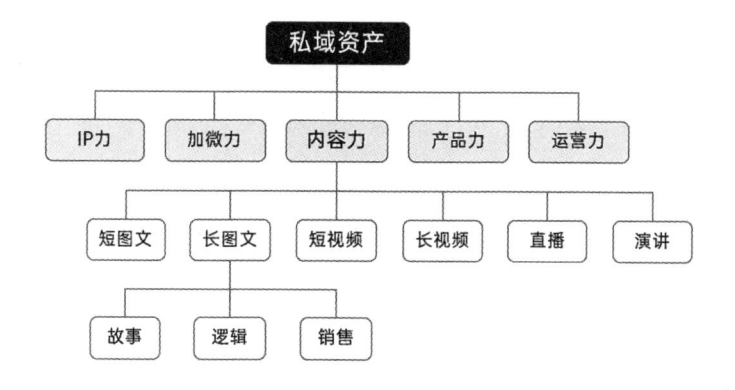

```
                          私域资产
        ┌──────┬──────┬─────┬──────┬──────┐
       IP力   加微力  内容力  产品力  运营力
              ┌──────┬─────┬──────┬─────┬─────┐
            短图文  长图文 短视频 长视频  直播   演讲
                     ┌─────┬─────┐
                    故事   逻辑   销售
```

除此之外，我还整理了四个关键小技巧。把握好这四点，你也能快速提升自己的逻辑思维，写出一篇高传播力的知识干货图文。

技巧一：结论先行

技巧二：论据的组织

技巧三：MECE法则

技巧四：SCQA架构

逻辑思维技巧一：结论先行。讲干货的时候先讲结论，再讲论据。也就是一定要开门见山。

结论先行，这个道理很简单，但很多人就是不会。设想，你现在是老板，你的助理来给你汇报工作。他说：

负责销售的刘总说明天不能参加下午5点的会议了，负责研发的王总说他不介意晚点开会，而负责产品的马总说他明天晚些时候才能赶回公司，但明天的会议室已经有人预订了，而周四的会议室还没预订。我们要不预订周四上午11点的会议室？

你是不是已经听晕了？如果你的助理不会这个技巧，他就会按照时间线把刚刚发生的事，跟你叙述一遍，最后得出一个结论。

现在我们用结论先行的原则重新组织。这段汇报就可以是这样的：

老板，原定今天的会议，我建议改成周四上午11点。因为今天销售刘总说他不能参会，而王总和马总他们只能周四参加，周四的会议室刚好没有预订，我刚刚已经预订上了，跟您确认下看看是否OK。

是不是清晰了很多？这就是结论先行的表达方式，非常非常重要，否则你的受众就不知道你究竟在表达什么，你的领导可能会直接怼你一句：说重点！

另一篇刷屏的文章《复利的谎言》中，作者老喻的中心论点就是：绝大多数人对复利的理解是错误的，极少有人能够靠复利获益。接着，老喻又用了七个真相也就是七个分论点来论述他的核心观点，这样逻辑就清晰了很多。

除了论点之外，论据方面也有两个小建议。第一是论据不能超过七条。因为太多就记不住了，一般三点最好。第二是论据一定要言之有物。这一点就是靠个人长期训练的逻辑总结能力了。

逻辑思维技巧二：论据的组织。我们在讲完一个论点后，接下来就是论据的组织，也就是我们用什么样的逻辑来罗列论据。这个也很重要。

一般而言，组织论据有四种主要的方法，分别是：

按照时间顺序

按照空间顺序

按照重要性顺序

按照逻辑演绎的顺序

譬如，我们对世界战争做一次论述时，可以按照时间线来介绍，从早期到晚期，介绍不同年代战争的特点；也可以按照空间顺序，介绍不同大陆、不同国家的战争特点；还可以按照重要性，譬如，按照对近代历史影响的重要性分先后，从第二次世界大战开始。

第四个则是按照逻辑演绎。演绎法有三段论，分别是大前提、小前提和结论。譬如：

所有人都会死

苏格拉底是人

所以苏格拉底会死

用演绎法怎么来做分类呢？举个例子。一家公司的几位合伙人理念不合，要分家。公司的资产是这个团队过去几年累积的资产（大前提）；大家都为公司投入了精力和心血，对公司有贡献（小前提）；因此，应该按照大家的贡献度来划分这家公司的资产（结论）。

当然，实际的公司分家远比这个复杂，有经验的创业者都会提前约定好划分的方式，这里只是举个例子。有了这四个逻辑分类的方法，我们组织表达的论据时就方便多了，而听众在理解、记忆时也会更有条理，更好理解。

逻辑思维技巧三：MECE法则。MECE法则也是我们罗列论据的一个法则，英文的全称是Mutually Exclusive and Collectively Exhaustive，意为"相互独立且完全穷尽"。

为了简化理解，我这里举最简单的例子。以下三个关于人的分类中，哪个符合MECE法则，也就是相互独立且完全穷尽？

1. 人的分类——

A. 30岁及以上的人

B. 30岁以下的人

2. 人的分类——

A.开心的人

B.很开心的人

C.不开心的人

3. 人的分类——

A.黑人

B.白人

2当中，"开心的人"和"很开心的人"不符合"相互独立"的原则；3当中，漏掉了黄种人和棕色皮肤的人等，所以不符合"完全穷尽"的原则。

而1虽然简单，但是符合MECE法则，相互独立而又完全穷尽。

我们在罗列观点时，要尽量遵循MECE法则，这样逻辑才不至于出硬伤，大家也会觉得你是一个逻辑严密的人。

逻辑思维技巧四：SCQA架构。SCQA分别是：

Situation：情景

Conflict：冲突

Question：疑问

Answer：回答

这是一种结构化表达的工具，特别适合描述我们的论据和观点。就比如在厂长的公开信当中也用到了这个技巧，具体来说分别是：

S情景：流量越来越贵，我是靠做私域成功的，我认为公司都要做私域

C冲突：私域是一项极其复杂的工程，很多团队都要踩坑

Q疑问：如何才能不踩坑？

A回答：我推出了私域创富圈，有课有圈子

这是一个按照SCQA顺序的标准描述框架。除此之外，还有突出忧虑式，叫CSA：

C冲突：私域是一项极其复杂的工程，很多团队都要踩坑（先吓唬你）

S情景：流量越来越贵，我是靠做私域成功的，我认为公司都要做私域

A回答：为了不让大家踩坑，我推出了私域创富圈，有课有圈子

还有开门见山式，叫ASC：

A回答：我推出了私域创富圈，有课有圈子（一上来先给解决方案）

S情景：流量越来越贵，我是靠做私域成功的，我认为公司都要做私域

C冲突：私域是一项极其复杂的工程，很多团队都要踩坑

以及突出信心式，叫QSCA：

Q疑问：如何才能做私域不踩坑？（先提问，下句铺垫信心）

S情景：流量越来越贵，我是靠做私域成功的，我认为公司都要做私域

C冲突：私域是一项极其复杂的工程，很多团队都要踩坑

A回答：我推出了私域创富圈，有课有圈子

我一般喜欢用SCQA的方式来进行论述，有的时候根据语境、情绪不一，也会

做相应的调整。

以上四个小技巧，就是金字塔原理相关的四个最为重要的小技巧，与金字塔原理的核心加在一起，一共五点。在写干货型长图文时，把握好这五点，你也能写出逻辑清晰、干货满满的文章！

三、销售思维：如何让你的长图文具备商业价值

销售思维，依然适用开篇的那两句话：

掌握了影响群众想象力的艺术，也就掌握了统治他们的艺术。影响群众想象力的，并不是事实本身，而是它们发生和引起注意的方式。

具备了故事思维以及逻辑思维这两个思维后，可以让你写出具备传播力的内容，并且可以让你建立起不错的人设。如果接下来，你还使用了以下这五大必备要素，则可以让你的长图文直接变现，这几个必备要素统称为销售思维。

必备要素一：挣钱不可耻，大方做销售
必备要素二：标题"一发入魂"
必备要素三：激发强烈的购买欲
必备要素四：介绍产品并赢得信任
必备要素五：引导立即下单

必备要素一：挣钱不可耻，大方做销售。很多IP是文人出身，写文章总是耻于谈到钱，特别是耻于以自己的名义销售产品。具体表现是在长图文当中绝口不谈销售，或即使描述产品也是扭扭捏捏，总觉得不好意思。最后用不到几行字的篇幅来

上几句话：对了，我最近做了个产品，花了些心思，你看要不要入手一个？

这种心理障碍我最开始也有。怎么办？只能靠自己慢慢克服。做IP，一定要脸皮厚，要大胆，要对自己的产品有信心，相信自己的产品能够给用户带来改变。

我认为，一篇好的销售型的文案，至少要有50%的篇幅来铺垫和介绍产品，只要你的技巧得当，其实不难。

另外，千万不要写那种"神转折"的销售文案，一定要大大方方，真诚地卖货。我之前的团队试过神转折销售文案，前面铺垫很多，突然来一个神转折，前因不搭后果，抖机灵地介绍自己的产品，用户评论好多都在夸赞小编太有才了，然后没有一个人下单，转化率特别特别低。

世界上最难的事情，第一件是把自己的想法放进别人的脑袋，第二件是把别人的钱放进自己的口袋。让用户付费，一定要真诚，神转折会给人一种耍小聪明的感觉，大家只会在评论区评论"这文案我服了""神转折太妙"，然后就没有然后了。

所以，我的那篇文案从标题开始，就说我要搞一件大事。文章前面就告诉大家我要做一个圈子，中间说我为什么要做这个圈子，后面说的是我要怎么来做这个圈子，到后面再描述私域创富圈的详细权益。

这才是一篇高转化率的销售文案。因为真诚、大方，挣钱不可耻，大方做销售！

必备要素二：标题"一发入魂"。标题决定打开率。注意，是决定打开率，而不只是影响打开率。

一篇文章的标题无比无比重要。还是拿厂长私域创富圈那篇文章的标题来举例子——《肖厂长：7年3000万私域沉淀，从300好友到公司年入6亿，今天想邀你搞个"大事"！》。

这里面反复用到了数字，用到了数字量化结果的技巧。除了数字量化之外，还有很多标题技巧，这里厂长给你总结了几个：

技巧一：傍"大IP"做背书

技巧二：数字量化结果

技巧三：反智法

技巧一：傍"大IP"做背书。 譬如：

- 胡歌消失90天，马云被罚182亿元：人啊，千万别让自己飘了

技巧二：数字量化结果。 譬如：

- 肖厂长：7年3000万人私域沉淀，从300好友到公司年入6亿元，今天想邀你搞个"大事"！

技巧三：反智法。 譬如：

- 复利的谎言
- 为什么我不建议你给领导回复"收到"？

这种带有"谎言""不建议"等否定关键词的标题，也很抓人眼球。

除了以上三个技巧，还有包括像新闻社论、好友对话、实用锦囊、反差对比等技巧，你可以把市面上对手用得最多的标题整理一遍，自己认真学习总结，相信你很快也能写出一发入魂的标题。

必备要素三：激发强烈的购买欲。 这一点非常非常重要，你必须让用户感觉很痛很痛，或者他所期望的生活是如此美好，以至于他立即、马上、现在就想要。

通过文字描述占领感观，或是对于一些极端场景的呈现，激发出恐惧和规避风险的想法，来实现一个目的：让读者对现状产生强烈的改变诉求，为后续的下单做

好铺垫。这是一篇财商教育广告的铺垫：

不仅是肩上的责任所促，还有不可否认的是受"钱"所困。

因为没钱，没有自由选择工作的权利，只能拿着微薄的工资做着超额的工作，不敢轻易辞职。

因为没钱，不能随便买买买，面对自己喜欢的包包、首饰、衣服，只能抠抠搜搜，迟迟不忍下单……

你有没有感觉，文案说的就是自己的现状？这就是销售型文案的第三个要素：激发强烈的购买欲。

必备要素四：介绍产品并赢得信任。前面激发起了购买的欲望，接下来就是对产品做介绍了。

这是一个必不可少的环节。用户下单的前提，一定是对产品足够了解，并且信任！当用户的需求、痛点、美好的预期已经被你撩起来之后，你一定要为他提供一个解决方案，这个解决方案可以是课程，也可以是实物商品。

对产品的描述，我们可以从这些方面来：产品的详细介绍；产品是如何生产和制造出来的；产品与同类相比有哪些优势，你能够因此获得什么；其他买过的用户是如何评价的；等等。篇幅原因，这里我就不做具体的案例讲解了。

必备要素五：引导立即下单。都已经铺垫到这里了，一般来说，能够看到这个部分还没有跳出的读者，都是高意向的转化用户。

行百里者半九十，此时千万不要掉以轻心，我们依然要做好十足的准备，引导潜在客户立即下单。这里有很多小技巧，下面简单分享三个：

技巧一：价格锚点

技巧二：算账

技巧三：限时限量

技巧一：价格锚点。就是先设置一个高价，或者参考市面上同类产品的高价，然后不断往下击穿，直到一个跟之前的价格相比低很多的价格。

技巧二：算账。给用户算明白账，算一算下单后的收益和不下单的损失，让用户认识到下单是一种正当的行为，是为自己的美貌、未来或家庭的投资，从而打破用户的最后一道防线。

技巧三：限时限量。告诉用户库存只有多少，名额只有多少，只有在几分钟内下单才有优惠。用户都是极其懒惰、缺乏执行力的，限时限量可以有效促单。这是用得最多的一个策略，也是极其有效的一个策略，不仅在长图文中，在直播带货、直播卖课的场景也是必用的一招。

上面几个招式就是大多人用来引导促单的技巧。这里我也推荐一本书——关健明的《爆款文案》。这本书我自己看了三遍，还买了几十本让公司的所有核心骨干都看一遍，看完还要写读后感。

后来我们公司把《爆款文案》这本书的理念发挥到极致，写了上百篇高转化的文案，一个月投放数千万元，为我们公司营收的快速增长奠定了基础。

总之，长图文因为长，对用户的心智影响可以更深入。图文中带上销售思维，可以极大地提升图文的商业价值。转化率如果到一定的数量，可以找到公众号做精准投放，实现客户和规模的快速增长。

以上销售思维和前面的故事思维、逻辑思维一起，共同构成了长图文的"2+1"思维体系。故事和逻辑思维关乎传播力，可以立好人设；销售思维关乎转化力，可以把流量变现。掌握好这三个思维，相信你的长图文能力一定能够变得炉火纯青。长图文能力还是写书、长视频、直播以及线下演讲的底层能力，这也是这节内容那么长的原因。

最后，我再次整理了刚刚推荐的六本书。这六本书对我以及我的事业有着深远的影响，如果你也想更深度打磨自己的长图文能力，推荐你阅读。它们分别是：

《小说课》——许荣哲

《千面英雄》——约瑟夫·坎贝尔

《故事》——罗伯特·麦基

《金字塔原理》——芭芭拉·明托

《爆款文案》——关健明

《乌合之众》——居斯塔夫·勒庞

本节开头的金句就来自第六本《乌合之众》，再回顾一遍：

掌握了影响群众想象力的艺术，也就掌握了统治他们的艺术。影响群众想象力的并不是事实本身，而是它们发生和引起注意的方式。

现在，你对这两句话有没有觉得理解更深了呢？

短视频爆款内容的八条心得

在上文，我们主要讲的是图文内容能力，包括短图文和长图文。

要知道，当下主要传播方式中，图文主要是通过社交来进行传播的，它们传播的主要阵地是朋友圈、微信群和微博。

而短视频的传播方式则发生了极大的变化。这是因为视频多了一个维度：时间。时间这个维度对内容产生了极大的影响。

图文内容是可以跳跃的，往前回看，往后快速翻阅，而大部分人看视频，都是根据视频的节奏线性地往前，最多就是选择1.5或2倍速播放。因此，时间维度给这种内容形式的算法带来了新的可能性，特别是停留时长的检测。

这个小的变化非常重要。算法可以根据你的浏览习惯，推荐最匹配的视频给你，进而不断拉长你的停留时长，带来平台的持续繁荣。

当下短视频的主要阵地就三块——抖音、快手、视频号，而这三个主要阵地的合并日活已经达到8亿，每天的用户时长将近2小时，占据了中国互联网用户总时长的半壁江山。

也就是说，短视频占据了中国互联网用户总时长的半壁江山！

所以，短视频是一个非常非常重要的阵地！每次我在琢磨要不要做短视频的时候，都会想起这句话，然后暗自下决心：一定要做！

在前面加微力的部分，我提到过短视频的核心就是两点：一是要懂平台规则，二是要会对标爆款。本节内容也是围绕这两点展开。

虽然短视频的变现效率不如直播那么好，但短视频的爆发性是目前六种内容形式中最强的，而破圈后，不管是广告还是直播，都有极强的优势和壁垒。这也是那么多人现在做短视频的原因。

而最核心的一点，短视频算法不断在打破阶层，让每个普通人都有机会实现阶层跨越。只要你的内容能力足够强，哪怕你没有粉丝，你都可以快速脱颖而出。所以短视频是我看来最公平的内容平台。

接下来我逐一分享短视频的八条心得。

心得一： 1条爆款视频，抵得上1000条一般的视频

我们公司从2018年就开始做短视频。当时在1年时间内，我们就做了十多个账号，包括潘多拉英语By轻课、极光单词等，累积了上千万的粉丝。

如何爆粉？一定要懂得平台算法，知己知彼才能百战百胜。抖音、快手、视频号的算法有一些区别，但是底层规律都差不多。在这里，我拿目前占据用户时长最

长的抖音来举例。

看这张图，这是我对抖音算法的理解。

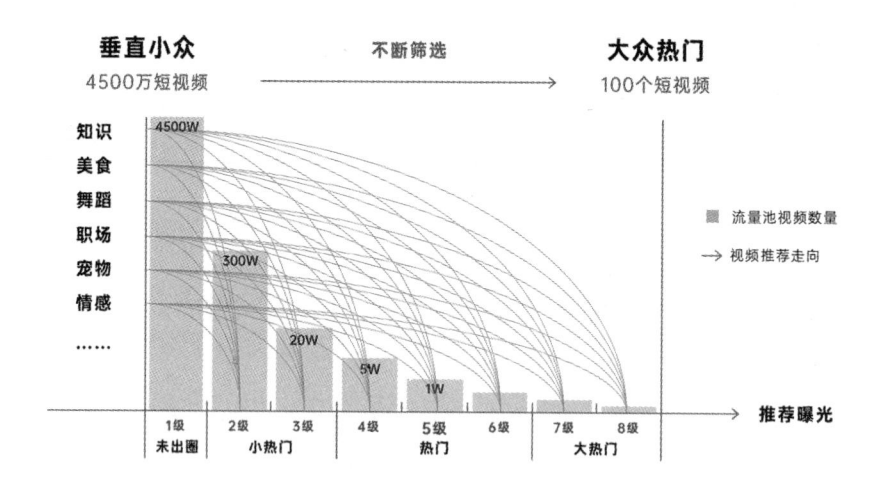

整个抖音，其实就是一个大的筛选器。每天抖音都会有4000多万条视频上传，有些视频会成为1000万播放、几十万点赞的大爆款，有些视频则只有几百次曝光。决定视频命运的就是抖音的算法。

你看这张图，每天抖音都在通过算法不断筛选。左边是视频的起点，它们从不同垂直小众的流量池开始筛选，从1级、2级、3级、4级一直到8级流量池。当然，具体是8级还是9级不必纠结。一开始，左边会有4000多万条视频开始竞争，到最后可能只剩100条视频能够成为当天的大热门，获得数千万甚至上亿次的曝光。

短视频的竞争围绕算法展开。那么，算法是如何工作的呢？**有四个关键词：视频标签、用户标签、流行度预测、审核。**

关键词一：视频标签。对于每个抖音账号以及每个账号的视频，抖音都可以通过一些关键词，譬如你的账号名、地区、个人资料以及视频的描述、视频内容的关键词等，给这个视频打上一系列的标签。

譬如肖厂长的一条抖音爆款视频"90后CEO分享史上最强学习法"有超过12万点赞，标签有"90后""CEO""学习""费曼学习法""职场"等。发布出去的时候，视频的标签就打上了。

关键词二：用户标签。每个用户从注册抖音开始就被打上了标签。地理位置、性别、年龄，以及哪些视频你很喜欢，而哪些视频一闪而过，抖音会根据你的浏览、互动行为给你打上各种标签，比如"学习""职场""学生""20岁""上海"等。到后来，算法会比你自己还了解你自己。

关键词三：流行度预测。抖音首先会根据标签给厂长的这个视频推送几百个浏览量。当然，这几百个浏览量会有一套算法，推荐给标签匹配的用户。当几百个浏览量过去，也就是第一个流量池结束后，抖音会根据这条视频在第一个流量池的表现，来决定是否继续推荐。

具体表现的数据包括用户停留时长、完播率、点赞率、评论率、分享率、复播率等。至于哪些数据权重高，这些都是黑盒，不对外公开，而且抖音也在不断调整。但有一个业界公认的标准，就是用户停留时长非常非常重要。

如果这条讲"费曼学习法"的视频在第一个流量池表现优异，就会进入第二个流量池，与300万条视频继续竞争，获得几千甚至上万的曝光量；如果数据依然不错，则会进入下一个流量池，与20万条视频继续竞争……依次类推，不断过关升级。

最后，这条视频到了第5个流量池，终于只剩1万条视频了，但它的数据表现不如其他的视频，于是止步于此，最终获得了300万的曝光量。

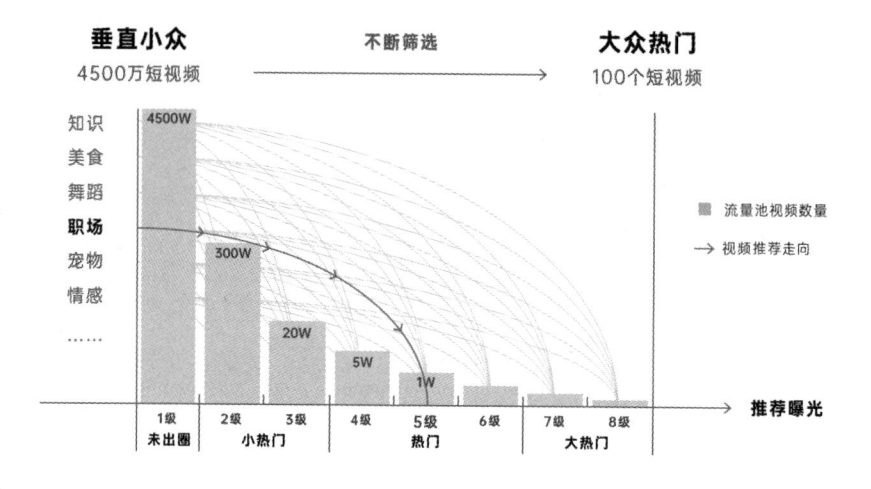

[图示：抖音算法流量池筛选示意图]

垂直小众 4500万短视频 → 不断筛选 → 大众热门 100个短视频

- 1级 未出圈：4500W
- 2级：300W
- 3级 小热门：20W
- 4级：5W
- 5级 热门：1W
- 6级
- 7级
- 8级 大热门

图例：■ 流量池视频数量　→ 视频推荐走向　推荐曝光

这就是抖音算法的核心逻辑。在这套算法里，具体有8个还是10个流量池，每个流量池的曝光数量以及每天跑到最后的是100条还是200条视频，我都只是举例说明，实际的数字一定是动态的，而且不会对外界公布，你只要理解其中的逻辑即可。

关键词四：审核。在整个过程中，不管是视频发布还是进入下一个流量池，都伴随着机器或者人工审核。内容导向不好，有违禁词，有广告嫌疑比如有明显Logo等等都会让视频止步，不再进入下一个流量池。

下图是我们站在单个视频的角度来看，一条短视频的典型旅程。

极少数短视频可以跑很远，大部分短视频在第一个或第二个流量池就结束了旅程。所以，一个大热门视频与一个未能破圈的视频，在播放量上不是几百与几万的区别，而是几百与几千万的区别。这也是为什么我们说，1条爆款的短视频抵得上1000条一般的视频。

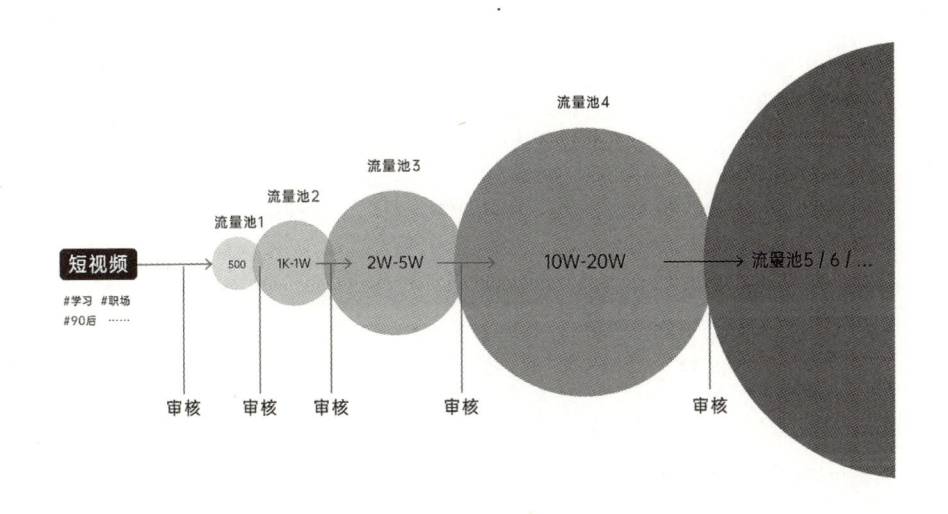

以上是从算法层面的演绎。我自己做短视频半年，也做过一次归纳，我把半年上传的194条短视频，按照播放量从高到低进行了一次排序。你可以看到一条符合幂律分布的曲线，播放量排名前十的视频，贡献了60%的流量和90%的涨粉。

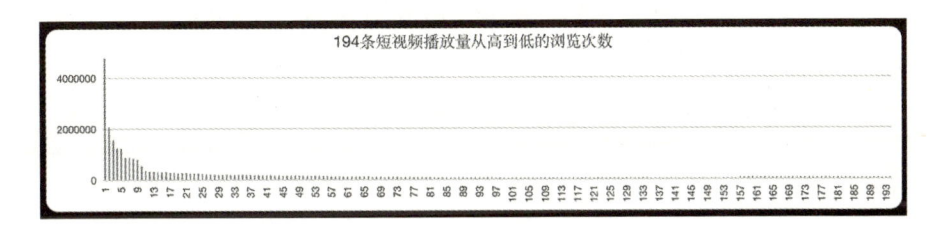

所以做短视频一定要理解平台算法。把短视频账号做起来的核心要领，就是做爆款、上热门。因为，1条爆款的短视频，胜过1000条一般的短视频！

这第一条心得偏"道"的层面，也是我们做短视频的核心法则。接下来几点，我们落到更细节的"术"。第二条心得，跟你讲讲短视频的创作类型有哪些。

心得二：短视频的创作类型

我总结了下，短视频按照内容创作形式，主要有这些分类：口播、Vlog、访谈式口播、街头采访、知识授课、直播切片、剧情、颜值变装、测评、舞蹈、美食探店、实拍真人秀、虚拟动画、照片影集、电影剪辑、新闻素材剪辑……

在各种不同的形式当中，很多在抖音都是可以直接变现的。而从如何搭建私域资产、做高势能IP的角度上，我推荐的创作类型有这六种：

口播（世界抬杠冠军大蓝）

Vlog（肖厂长）

访谈式口播（张诗童、廖恒悦）

知识授课（巫师财经、阿牛读书）

直播切片（海参哥）

照片影集（十年体）

这六种都适合做强观点表达、强人设的内容，非常有助于建立起高认知的人设，也会让人很愿意加微信。特别是口播、访谈式口播这两种尤为推荐。而其他类型譬如颜值、剧情等，我不太推荐。

接下来我以大家用得最多的口播为例，来讲讲这种短视频如何爆火。

心得三：短视频爆火的核心密码——以口播为例

口播类短视频能火有三个要素：

选题极其优秀

文案极其优秀

演绎极其优秀

选题决定了用户刷到之后会不会滑走，文案从听觉和语言逻辑上钩住用户，演绎从视觉和画面上钩住用户。三管齐下，把用户钩得死死的，增加用户的完播率和停留时长。所以，你帮助抖音做好留存，抖音也会给你更多的流量作为奖励，就是这么简单。

那如何找到优秀的选题呢？在上一章节，有讲到做好长图文内容的销售思维，该如何写出一发入魂的标题，这里也是一样的。像傍"大IP"做背书、数字量化结果、反智法引起好奇，这些方法都可以使用。

另外，找曾经火过的爆款视频，在百度或者知乎搜索关键词，找相关的搜索结果或者高浏览量的问答，以及结合当下的社会热点，也是非常好的选题方法。

口播文案也有一些套路。我建议你找到10个对标博主的爆款口播文案，对这些文案结构进行分析，就能总结概括出来它们其实都有模板，甚至都会有固定的句式。譬如"这个视频因为话题太敏感，很快就会被删除，建议赶紧下载保存"。这个固定的句式，我在很多爆款视频都看到过。

这里，我准备了一个动态更新的素材链接。这里面有我和团队整理并且会不断更新的不同口播模板及素材，名字叫《私域创富圈——口播文案宝典》，**将作为礼物赠送给你。**

最后，关于镜头演绎。不同的人有不同的风格，比如，大蓝会通过高密度快语速以及夸张的语气来抓人；大能说话慢慢的但很逗，而且押韵，就像是说唱；张诗童的风格则是娓娓道来，逻辑清晰，给人启发感。每个人都有自己独特的演绎风格，不同的风格给人感受完全不一样，关键还是你的表达是否有对象感，像是对着人在说话，而不是对着镜头说。这一点我也在努力打磨。

当你的口播在选题、文案和演绎能力方面都提升到一定的水平时，作品上热门就只是时间问题。

心得四：对内容大IP而言，访谈类口播视频投产比极高

我们创富圈的会员有不少都是创始人内容大IP。这个人群有个很明显的特

点，就是镜头表现力不足，对象感缺乏。但是假如有一个真人在面前，他们就特别会聊天和输出。对这种创始人IP而言，有一种特别合适的内容创作形式，叫访谈类口播。

访谈类口播与纯口播不同。单人口播中，博主的眼神是看着摄像头，直接对着镜头说话或念稿。而访谈类口播中，博主的眼睛是看其他方位，而且你偶尔能听到旁白对话。

这两种视频表面看上去只有一点点区别，但是从内容生产角度而言，差异很大。访谈类口播拍两小时，如果提问引导得好，博主不需要怎么准备就能产出20多条视频，而且表情、语气极为自然。

而单人口播，事前可能要准备几小时的文案，拍摄期间也会碰到各种问题，很难一遍过，碰到镜头表现力差的博主，两小时可能只产出五六条视频，本质还是刻意训练不够。所以做单人口播有优势的，往往都是有电视台工作经验的播音系毕业生。比如崔磊、商业小纸条，他们之前就是在电视台工作，有丰富的镜头经验，所以他们的口播视频表情自然，语言流畅，能够成为拥有数千万粉丝的大号。

我曾目睹一个百万粉丝的口播博主，当有一个人在镜头的位置跟他做访谈类口播时，他眉飞色舞，产出高效；但是当切换到对着摄像机进行单人口播之后，立马就像换了一个人，表情僵硬，目光空洞，极为艰难地制作完了一条口播。

访谈类口播的场景中，提问者也很重要。提问者和IP的关系，如何让IP放松下来，如何提出好的问题，如何在交流中追问好的问题，以及后期精选好的片段剪辑，这些都很考验团队。各位如果没有体验过访谈类口播的话，一定要尝试一下，两种状态简直天差地别。

我也相信，接下来一定会有越来越多的创始人走访谈类口播的内容生产路线。这里，我建议找专业团队来做，不要找自己人，因为会尴尬，找专业团队的效果一定比自己人来采访的效果要好很多！

心得五：Vlog的方式也适合创始人，但制作成本较高

我的短视频最早也是依靠Vlog爆火起来的。Vlog的好处是有镜头切换，对镜头表现力不强的IP来说非常合适，但有两个缺点。

一是制作成本非常高。一条Vlog的生产流程包括"选题——文案——拍摄——录音——剪辑——修改——上传"七个步骤，而光在拍摄方面，可能要拍二三十组镜头，需要消耗整整一下午，全部流程下来往往需要一周的时间。

第二是Vlog的IP感不强。因为不是在镜头前说话，所以很难与受众之间建立心与心的连接。后来我主要产出口播Vlog——一条Vlog里面有二三十个镜头，配上5～10个口播的画面。这样既有镜头切换，又能有IP和用户的面对面交流，另外还能降低生产成本。

我后来就靠着口播Vlog与七八个人的团队一起，实现了100天连续日更的目标，顺利实现了粉丝的快速增长，累积了不少私域流量池。

心得六：剧情类视频极难变现

前面讲了三种推荐的创作模式，这里讲一个不推荐的——剧情号。在入局短视频期间，我听说剧情类的短视频特别容易火。为了体验这种每条视频都火的感觉，我组建了个团队，忙活了一个多月，深度体验了一下那些离奇的剧情类短视频是如何制作的，也着实过了一把戏瘾。

拍了一个月后，结果是每条视频都挺火，但是涨的粉丝非常泛。大家过来只是看段子、看剧情，很难建立起能够变现的人设，也很少有人愿意加微信沉淀私域，更别说变现。

所以，最后我放弃了剧情类短视频，也用十几万元的学费告诉你，剧情号没必要做。做短视频账号，还需要具备闭环思维，以终为始，粉丝虽然少，但每个粉丝都是可以变现的粉丝，这个更重要。

心得七：短视频适合破圈，但不适合直接变现

在本节的开头，我说过一个观点：短视频适合破圈，但短视频本身不适合变现。

视频中出现过硬的变现引导会让用户反感。因为短视频的特点就是短。而且在每一层级的流量池审核中，官方也会自动把商业属性强的短视频过滤掉，而通过Dou+等方式，则可能面临"审核不通过"的结果。

所以你要明白，做短视频的目的是破圈、立人设、涨粉，然后把粉丝引导到私域，或者通过直播的方式来变现，这才是更靠谱的商业闭环。

当然，目前有一种例外，就是通过短视频卖书。我有个朋友，一年通过投短视频Dou+卖书收入数亿元，这应该是为数不多官方鼓励的变现类短视频。

心得八：火过的短视频，一定会再火一遍

很多人做短视频，特别是新手，在选题、文案上都特别想标新立异。但其实，有经验的短视频操盘手，都会直接借鉴已经火过的选题、文案，甚至包括背景音乐。

最经典的就是"十年体"。厂长在2020年的生日那天，发布了自己的十年体——《一个不服输男孩的奋斗十年》，讲述了自己的成长经历和北漂的奋斗历程。发布之后，视频在抖音、快手、视频号都爆了，厂长涨了好多粉丝。

十年体是每个IP都值得尝试的一个形式。找到固定的那几首音乐，搭配自己的老照片，配上大几百个字的文案，好好打磨一下各种细节，大概率可以火。

除了十年体之外，还有很多案例在火过之后，持续有人参考借鉴，于是再次爆火。总之，大家做IP、做短视频，把火过的内容套用到自身业务、产品和故事中，把握好结构和细节，可能会再火一遍。

往深了讲，这其实是心理学中印刻在所有人文化母体中的集体潜意识，就跟《千面英雄》中的英雄之旅模板一样。不同国家、不同文明的上千个神话故事其实

都是一个模板。找到火的视频，拆解好模板，你也一定能火起来！

接下来，我将分享如何做直播。

直播间转化数百万元的十一个心得

前面讲过，内容力一共有六种能力，分别是短图文、长图文、短视频、长视频、直播和线下演讲。上文我们逐个讲了短图文、长图文和短视频这三种能力，本节我们主要讲直播能力。

直播能力我认为非常重要。照例先分享一个金句：

不管是做短视频还是做私域，直播才是引爆流量变现的核弹！

在起初尝试直播时，我也是惧怕直播的，但意识到直播的重要性之后，硬着头皮也要上。从2020年10月起，我在视频号做直播，持续到现在，直播了几十场，依托直播来盘活私域，实现了几百万的转化。

我认为直播是既能破圈又能变现的一个超级工具，是每个内容大IP都应该刻意练习的技能。今天，我整理了十一条心得，跟你讲讲做直播要有哪些认知和技巧。

第一条心得，就是本节内容的金句。它非常重要，建议你铭记于心。

心得一：不管是做短视频还是私域，直播才是引爆流量的核弹！

之前听人分享说，做一个短视频账号，直播会带来90%的变现。一开始我还不信，后来做起直播我才发现，直播是真的利于转化。

为什么这么说呢？我们从感官刺激的层面盘一盘，不同的内容形式所包含的维度。

文字的内容是一维的。

图文和声音是二维的。图文增加了图片的部分，声音增加了情绪的部分，可以更强地刺激感观。

视频是三维的。因为一个视频既有文字，又有图片，还能有声音，感官刺激会更强。内容的维度越高，人就越愿意消费。当我们把一个剧本拍成精美的电影，谁还愿意去看剧本呢？

B站的弹幕视频是三点五维的，因为有弹幕交互。但因为是异步交互，所以我只给它增加了0.5的维度。

接下来是我们的主题——直播。**直播是四维的**。因为直播在视频的基础上增加了一个新的维度——实时交互。直播状态下，既有文字、画面，又有声音，还有实时交互，对人的感官刺激是最强的，或者说是目前科技水平下最强的。未来可能会出现更高的维度，但这可能需要新技术的突破。

目前的技术水平下，直播是当今人类可以商业化使用的最强感官刺激的内容。

那感官刺激的增强，有什么好处呢？——快速建立信任。

如今，人们越来越多地消费直播内容，直播在快速占领我们的时间；同时，直播对变现效率也是一次极大的提升。以前大家买东西是看淘宝图文页，现在的趋势是看直播带货。真人在直播间对你售卖，跟你自己看静态的图文相比，感觉完全不一样。

我来以我的亲身经历举个例子。

我是从公众号时代走过来的。在我的认知里，一篇长图文最多只能直接转化500元以下的客单价，如果直接用公众号长图文售卖千元以上课程，转化率会低到出奇。

而社群转化需要3~14天的长时间精细化运作，持续给用户施加影响，才可以转化千元以上单价的课程产品。

但是，直播通过4个维度的感观刺激，可以极快地建立起人与人之间的信任。

之前，我的一个用户在我的直播间看了两分钟，感觉到我的真诚和干货，就下单了上千元的产品。在此之前，他从来没有见过我。

我自己也在很多直播间有过上千元的消费，因为短时间内对主播建立了足够的信任，就下单了。

这就是直播，通过多维度感官刺激，让用户对你快速建立信任，从而带来极高的变现效率。所以在内容力的六种能力中，直播是兼具爆发属性和变现属性的能力，你可以同时对100人直播，也可以同时对1万人直播。

直播才是引爆私域、引爆短视频账号的核弹，直播才是未来!

心得二：直播间变现的三大模式

刚刚说直播是最好的变现模式，那么具体有哪几种变现方式呢？我总结了以下三种：

打赏或广告变现（适合颜值主播、才艺主播、游戏主播）

带货变现（适合KOL主播、企业自播品牌、测评主播）

卖课变现（适合知识主播、教育主播）

在抖音、快手的生态中，这三种模式都已经相对比较成熟，只要你的直播间数据好，官方会持续给你推送新的流量。

这三种模式中，想象空间最大、天花板最高的是带货变现。2021年4月，抖音电商总裁杨泽宇提出了一个新的概念叫"兴趣电商"，因为电商市场规模本身就非常大，所以目前带货直播的战场竞争也非常厉害。

心得三：要获得稳定的流量，专注、持续、稳定地开播和产出是前提

业余的人做直播都是跟着自己的心情走，心情好就直播，心情不好就不直播。但是专业的直播团队，都会有固定的开播频率，有些团队会固定每天直播四五个小时。

我从2021年3月开始直播以来，一直都会关注自己的开播频率，有时还会逼迫自己持续直播。对于每一场直播，我都会提前准备好干货和内容，而所有的动作都是指向一个目标：确定性产出。

平台喜欢确定性，用户也喜欢确定性。平台需要奖励确定性更强的团队，推送更多的流量。用户也喜欢确定性强的直播间，这样获得感会更强，而哪怕只有一次体验不好，用户可能就再也不来了。

所以，要成为稳定流量的直播间，专注、持续、稳定地开播和产出是前提。

上文讲到三种变现的直播类型。其中，适合打赏或广告变现的类型，不属于我们私域讨论的范围。带货类的主播，网上已经有很多话术模板教你如何在5分钟内讲清楚一个商品，并通过促单引导销售。那高势能的专家知识类博主，如何打造自己的直播间呢？

心得四：知识教育类博主，一般有三种直播间

我研究了将近100个知识教育类博主，发现他们的直播间基本分为三种：

话剧型直播间

新闻型直播间

连麦型直播间

直播究竟聊什么？这个问题很重要。以上三种主要就是聊的东西不一样。

话剧型直播间，就是把一个剧本打磨到极致，每次直播，都不断重复这个剧本。

抖音有很多直播间都属于这种类型，一门公开课讲10遍、100遍，5天或者21天的一套课程反复轮播。因为抖音的流量来源每次都不一样，大部分也都是新流量，所以比较适合这种模式。

这种模式下，打磨好的剧本是核心。一个高转化的剧本，往往要几个月时间的打磨，而且要结合IP本身的故事进行修改、测试，最后才能跑出来。

这种直播间的优势是剧本的转化率非常高，每次直播不需要次次更新脚本，博主的输出压力小。不过劣势也很明显，就是只能靠这个剧本转化，如果这个剧本的转化率下降，官方停止推流，或前端买量的成本上升，就几乎意味着这个模式的终结。

很多在线教育公司做大班直播，也是话剧型直播间加前端投放的模式。这种模式有些能运营起来，有些运营不起来，而后者占大多数。

新闻型直播间，是主播根据最新最热的主题进行输出，每天更新直播台本。

有时候，我的直播间也是这种类型。抖音一个大知识IP张诗童的直播间也是这样，每次都会准备新的内容。

新闻型直播间的优势是可以用不同的话题来转化。即使很多人一开始没有付费的想法，但突然因为你的某一个新话题打动了他，他就下单了。所以长期而言，新闻型直播间的转化率更高。另外，每天准备直播的内容和干货，对主播自身而言也是一种学习。

当然，这种模式也有缺点。每次直播，主播都要准备新的内容，很辛苦，单场的转化率也不是很稳定。

连麦型直播间，每次开直播就是连麦。不管是连麦会员，还是连麦大咖。

这种直播间的优势是省时省力，而且非常真实，如果连麦对象本身有料，转化率也会非常好。劣势则主要有两方面。一方面是对主播的控场能力和回答问题的能力是个考验。能做连麦的基本都是内容大IP，因为对方提的问题你是不可控的，你要是自身知识积累不够，可能会回答不上来。另一方面，如果连麦的人不靠谱，或者网络不稳定，可能会有"黑天鹅"。

以上就是知识教育类直播间的三个分类。你来做直播的话，想好做哪一类了吗？接下来第五条心得，是关于如何准备一场叫好又叫座的直播。这里，我拿新闻型直播间举例。

心得五：如何准备新闻型直播间？台本无比重要！

如果你是一个直播小白，千万别信一些人说他不需要准备就可以开口讲。

每次直播前，一定要做充分的准备。那些不需要准备的人，其实已经有好几个滚瓜烂熟的台本了。

我曾跟多位新东方老师有过交流。他们口才极好，但很多人不知道的是，新东方的老师备课都要写逐字稿，甚至要一字不落地背下来，哪里抖个包袱，哪里埋个钩子，都要背得滚瓜烂熟。所以真的没有神话，俗话说得好："要想人前显贵，必定人后受罪。"

我最开始训练自己的直播能力时，每次直播前，都要花5小时准备：2小时看书学习来做调研，2小时总结整理，还有1小时用来思考直播有哪些动作，比如要送哪些礼物，确认商品链接，以及手牌制作等。

为什么这么用心准备？因为我发现，准备越充分，我的状态就越好，最后的结果呈现也越好。等到后面做一些直播，当我对相关的要点都了然于心的时候，我发现我可以信手拈来了。

这其实跟做线下演讲需要提前准备是一样的。很多演讲天才一开始如果没有准备也会在上场后哆哆嗦嗦，后来也是靠着把稿子背得滚瓜烂熟，才做到轻松镇住全场。所以如果你对直播还不熟，那么每次直播前，一定要做充分的准备。

下一个心得，讲一讲直播中的技巧。

心得六：直播时，主播的状态无比重要

直播不比录播，是不能说状态不好就休息一下再来一遍的。我就曾经在一次直播时收到一条坏消息，瞬间状态就落了下来，语无伦次，思绪混乱。

要注意，直播是即兴口语表达，一定要让自己的交感神经兴奋起来。除了准备之外，我们还要通过技巧提升状态。直播时，主播状态无比重要！

这里我分享几点提升状态的小技巧：

1. 手机开启免打扰模式
2. 开场要有固定的话术和动作
3. 配备专业的直播设备
4. 操盘手和团队做好氛围引导

一是手机开启免打扰模式。 直播时就认真直播，不要让其他消息分心。

二是开场要有固定的话术和动作。 譬如自己的一些金句，譬如发红包或者抽奖，让自己快速适应，快速进入直播状态。

三是配备专业的直播设备。 包括声卡、背景音乐、灯光等，特别是声卡和耳返——我也尝试过，就像唱卡拉OK一样，能够听到自己的声音，状态瞬间就不一样了。

另外，操盘手和团队做好氛围引导。 多打赏，多评论，多带节奏。直播是一次团队作战，操盘手和团队小伙伴也要做好支持工作。

心得七：如何打造高留存直播间？

不仅短视频要有好的用户停留时长，直播间的用户停留时长也极其重要。同样是10000人看过，如果直播间的留存好，最高同时在线可以到1000人甚至1500人；

而如果留存很差，最高同时在线只能到300人。

而且，用户留存足够好的话，你还可以获得平台的流量奖励，获得大量的流量，因为你也是在帮平台留住人。

对于带货类的直播，可以靠红包、抽奖等活动来留住用户看完。

对于知识类的直播，一方面，直播的干货内容非常非常重要；另一方面，一定要设置各种钩子和抓手，包括多次强调直播间的干货价值。比如说"这次的直播分享，是我跟一个百亿身价的大佬聊了三小时所总结出来的几点心得"，这种对干货价值感的塑造，也能够很好地抓住用户的好奇感，从而带来超高的留存率。而这也是一种"干湿结合"的体现，也就是不仅要传递价值，还要塑造价值感。

除此之外，还有很多提升直播间留存的小技巧，我也在不断探索迭代。如果你想学习，也欢迎来我的直播间逛逛。

在留存之后，如何让每次直播都能有大量的流量涌入？

心得八：如何让视频号直播间能有大量流量涌入？

不知道你发现没有，我特意把关于留存的心得放在导量前，是因为我认为留存比新增更重要。不然，来了那么多流量，你也是接不住的。

那如果你解决了流量留存的问题，下一步你就需要不断把流量导入直播间。接下来是私域的场景：视频号直播。

我列了一下视频号直播间流量的四大主要来源：

1. 提前宣发的流量，包括直播微信群
2. 服务通知，也就是视频号直播预约提醒和关注的主播开播提醒
3. 直播广场自然流量
4. 直播时的转发和裂变流量

还有一些占比相对较少的流量来源，譬如视频号关注页列表等，我就不列举了。这四种流量来源清楚之后，你应该对如何做一个高人气直播间有思路了。下面我分享几个在私域做视频号直播的导流技巧：

1. 提前宣发直播
2. 多引导预约直播
3. 用好直播广场的自然流量
4. 用好直播时的转发裂变流量

第一，提前宣发直播。我每次直播都会做好充分的宣传工作，并且每次都要建群，因为建群才可以在直播期间反复触达。另外还可以巧妙使用定向发红包的功能，关联多个微信群，每次直播间发红包，对应的微信群也会有提醒，从而实现引流。

第二，多引导预约直播。甚至在上一场直播就可以提前设定好下一次的开播提醒，反复利用流量。还有个小技巧，就是搞大型直播的时候，可以把直播的预约人数作为一个噱头反复宣传，进而让更多人预约，不断推高活动势能。

第三，用好直播广场的自然流量。这里也有很多技巧，譬如封面页一定要精心设计，大头头像加几条扣人心弦的文案；用好定位，可以获得同城的流量；另外，当你的在线人数比较多的时候，其实可以在直播广场获得更多的自然流量，因为如果一个人有多个好友在看你的直播，那么他也有更大的概率在直播广场刷到你的直播间。

第四，用好直播时的转发裂变流量。在直播期间，自己要多转发直播间到朋友圈。这里有个小技巧，每次转发可以把上一次的转发记录删除，这样就可以让直播多次在好友朋友圈曝光，又不至于刷屏。此外，主播还可以多次引导听众转发直播间，通过实物礼品鼓励，比如转发后可以领取红包、礼物等，或者通过干货资料鼓励，比如转发后可以领取PDF文档干货。

这些都是我们在直播时可以采取的一些操作，从而进一步把直播间的场观（每场观看人数）做起来。

最后几条心得，跟主播的意识有关。

心得九：直播间是动态的，人有进有出

新人主播往往站在自己的角度来做直播，有经验的主播则会站在粉丝的角度安排直播。这是一场典型直播的场观人数增加曲线图：

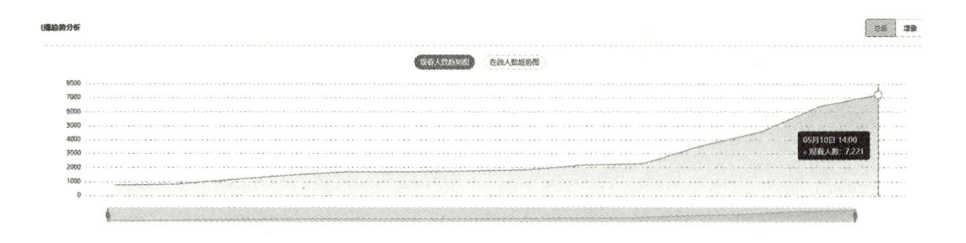

可以发现，人数基本以线性比例增长。一个有经验的主播一定会意识到，直播间是动态的，人有进有出。

所以在直播的流程环节设置以及对应的话术中，要考虑到直播间的动态性。我有个策略，叫"大螺旋带小螺旋"。譬如，一场2小时的直播，大螺旋就是从开头到结尾的话术，而小螺旋就是每过30分钟，都要重复一遍相关的话术，如开播后半小时再次欢迎一下新朋友，并且介绍一下主播自己以及正在进行中的直播。小螺旋颗粒度一定要适中，视进人的情况而定，宗旨就是尽量照顾到更高比例的受众的体验。

心得十：直播重在互动，互动才能有心与心的连接

这一条心得我之前提到过。直播是四个维度的感官刺激，与视频相比多了一个维度——实时互动。

很多新人主播讲着讲着，就变得跟录播没啥区别，不跟粉丝互动，也没有任何

的直播感。记住，直播重在互动，这是直播这种内容形式最重要的一个维度。互动才能有心与心的连接。

互动就要用好直播间的各种工具：

— 引导评论
— 引导点赞
— 引导打赏
— 设置福袋
— 把粉丝评论上墙
— 还可以与粉丝连麦

另外，经常点名粉丝、点评评论区，或对打赏大礼物的粉丝进行答谢，或者有金句的话引导大家在评论区打出来，或者引导大家关注榜一榜二，以及对在线人数、总人数、总点赞数、总热度数字进行播报……

把这些工具运用好，才能收获一次完美的直播。

心得十一：不断复盘，分清主次，敬畏数据，长期主义

我每次直播结束，都会召集团队开会，对数据做思考和复盘。不仅要听团队的，还要听用户的评价，更要有自己的坚持和观点，因为可能你所坚持的就是正确的。

有的时候，你自己确实错了，但是因为太过高傲，明明做得不好的地方迟迟不改；或者有的时候，自己其实是对的，但听一小部分用户说自己做得不好，结果把做得好的事情改掉。如何避免这两种情况呢？

我认为，做直播一定要建立一个北极星指标。这个指标是最为重要的指标，可以是你的总场观人数，可以是你的单场销售额，还可以是你的最高在线人数，或者是单场引流到私域的人数。针对不同的商业模式或不同的阶段，北极星指标

也不一样。

我目前选的指标是最高在线人数。为什么我的直播间不以单场变现金额为第一北极星指标呢？因为如果只关注这个数字，容易"杀鸡取卵"。短期内的变现固然重要，但长期的增长更为重要，只要有越来越多的人来听，我的直播间就会持续产生价值，等到用户收获足够多，对我个人形成足够认同的时候，自然而然就会有很多用户下单。

当然，这里只是简单举个例子。北极星指标也会随着认知的变化而有调整，但是我们一定要设置这个指标。每次复盘的时候，都以北极星指标为第一评价标准，思考自己的内容和运营动作能不能实现北极星指标的长期增长。这样做，动作才不至于在短期内变形。

不断复盘，分清主次，敬畏数据，最后做到长期主义。对未来越有信心，对当下才能越有耐心！

以上十一条心得就是我做过几十场知识直播，并且在视频号直播间变现数百万元的真实心得。这里再次重复前面的金句，也是我们第一条心得：

不管是做短视频还是做私域，直播才是引爆流量的核弹！

接下来，我们来总结一下本章的内容，并说明内容力的评价标准与对应案例。

内容力的评价标准与对应案例

回顾

内容力是IP或团队生产内容的能力，在整个私域资产核心公式的五种能力当中，只有内容力是平方。

$$私域资产 = IP力 \times 加微力 \times 内容力^2 \times 产品力 \times 运营力$$

在内容大IP的模型中，一般IP本身负责内容的创作，这也构成了整个商业模式的核心壁垒。

根据内容形式，内容力可以分为六种更为细分的内容能力，并对应不同的场景，它们是：

短图文——朋友圈、社群和微博

长图文——公众号、出书

短视频——抖音、快手、视频号

长视频——B站、小红书、视频号、录制课程

直播——抖音、快手、视频号、私域

线下演讲——大会、论坛、会销、线下培训

不管是哪种内容能力，都有三个核心要素：

真实真诚

持续产出

干湿结合

做私域最直接的内容能力，就是短图文、长图文、短视频和直播四种。

短图文是私域核心，因为发圈就是考验短图文能力。长图文可以实现破圈和转化。短视频可以让你快速破圈，一定要做，因为现在短视频占据了中国网民上网场景的半壁江山。直播则是引爆私域变现的核弹，未来一定会是极其重要的能力。

内容是平方，所以对内容大IP而言，这几种内容能力每多精通一种，内容力都会有显著提升，年收入基本会上一个数量级。

我为了提升自己的内容能力，也制定了一张内容力的提升地图，并且按照优先级进行了排序。这是我录制创富圈课程期间的优先级排序：

P1——长视频：录制课程。为了做好课程交付。

P2——长图文：写书。

P3——短图文：朋友圈。保持朋友圈的基本活跃。

P4——直播：视频号直播。主要目的是保持直播的状态。

P5——线下演讲：出席论坛、大会。因为课程录制的原因，其间的几个月参加得少了很多。

P6——短视频：视频号、抖音、快手。也是因为课程录制，我的短视频账号停更了3个月，课程录制完之后重启，提升优先级。

这六种能力的培养需要长期的积累。而且对于一个IP而言，同一时段可能只能集中精力做好其中的一两种，所以优先级排序很重要。我录制完课程之后，对六种能力的优先级又做了一些调整，所以作为IP本人，也要根据业务需要合理规划好优先级，充分利用好自己的时间。

你如果做内容的话，也可以参考我梳理的内容力策略地图，做一个你当下的版本，后续再不断调整。

内容力评价标准

接下来我来梳理一下，从商业价值的维度，私域IP的内容力从1分到5分应该如何来评价。

1分内容力：像是机器人。
时常发通告、广告类型的朋友圈，官方话术让人想屏蔽，或者直接删除好友。

2分内容力：是真人朋友。

你会感觉他是你的一个朋友，每天发布的内容会让你愿意看完。

2分与1分的区别是：是真人，不会让人屏蔽。这也是大部分普通微信好友没有专心经营朋友圈的发圈效果。

3分内容力：是高认知的鲜活朋友。

达到了这个标准，对方发的朋友圈你会很有印象，因为你可以学到东西，或者被他逗乐，看到他朋友圈说自己不开心时，甚至还会主动私信给予安慰。他会经常发朋友圈，你不仅愿意点赞，还会偶尔点开他的主页，看看他最近发了什么内容。

3分与2分的区别是：这个朋友存在感很强，能够长期占据你的心智。

4分的内容力，是在3分的基础上，精通一种额外的内容能力。

也就是，不仅短图文内容力强，还精通长图文、短视频、直播、长视频或线下演讲这五种当中任意一项内容能力。他可能是B站知名Up主，可能是公众号百万粉丝主笔，可能是抖音百万粉丝博主，或者是线下演讲达人，时不时会把自己在其他场景取得的成果发到朋友圈，引发你的点赞或者崇拜。

4分与3分的区别是：短图文之外还精通一种其他类型的内容能力。

5分内容力：就是你朋友圈怎么也不会删除的大IP。

他是超级内容多面手，精通三种以上的内容能力，或者在某项内容能力上达到了行业顶尖水平，比如抖音顶流达人、B站百大Up主、公众号千万粉丝大V。到这个程度，基本实现了规模化变现，可以做到一个人养活一家公司。

5分与4分的区别是：在短图文之外精通多种内容力，或在某种内容能力上做到了行业顶尖，能养活几十甚至数百人的团队。比如刘媛媛、半佛仙人、罗振宇、吴晓波、崔璀等，这些都是5分内容力的典型代表。

第五章
产品力

关于产品的六个重要认知

本章我们来讲一个商业上最基础的概念——产品。

在本书中，产品力的定义，是打造或筛选私域产品的能力。这里有个关键词"私域产品"，它的定义后面我会写到。

产品力也是私域资产核心公式中非常关键的一环。业内还有这样一句话："产品是1，营销是0。"这句话是小米的联合创始人黎万强说的，产品的重要性从这句话中可见一斑。

营销学当中，有一个极其经典的4P理论，是杰罗姆·麦卡锡在1960年出版的经典著作《基础营销学》（*Basic Marketing*）中提出来的。六十多年前的理论现在依然适用，因为太经典了。

麦卡锡把企业的营销归结为四个基本策略的组合，即产品（Product）、价格（Price）、渠道（Place）、促销（Promotion）。根据这个理论，一次成功、完整的市场营销活动，就是把适当的产品以适当的价格和适当的促销推广手段，投放到适当的渠道的行为。

而我们的私域五力模型，其实就是因为基础设施发生新的变革，使得我们可以在新的"渠道"——私域场景中，持续把产品通过运营要素投放给潜在客户。

所以，产品能力是私域模型中不可或缺的一环。缺少了产品力的私域资产不能构成闭环。没有产品，何来付费？你的私域就不具备任何商业价值。

在这点上，我有过切身的体会。2014年，我在连续失败六次后再次毅然决然投身创业，并且开始做私域的前两站——贸大校友汇和思享空间。这时候的我就没有想清楚要什么产品，产品力为零，当时就想着先把流量搞起来再说。结果流量做得红红火火，可是一直没有适合的产品，导致折腾了很久没有任何变现，最终放弃。

所以在本章中，我从自己踩坑的经验出发，提炼了关于产品的六个重要认知。

认知一：什么是私域场景下的产品

说到产品、产品能力，大家可能最开始联想到的是互联网产品经理。的确，产品经理这个词特别火，微信之父张小龙也被誉为产品经理之神。当我们在讨论私域场景下的产品能力时，我们究竟在讨论什么？

产品其实是一项非常宽泛的概念。iPhone是产品，搜狗输入法也是产品；汽车是产品，"懂车帝"是产品；英语课程是产品，潘多拉英语App也是一款产品。这些都是产品，但从严格意义上来说，只有一部分是私域场景下的产品，我称之为"私域产品"。

比如刚提到的搜狗输入法，这个产品不面向C端收费，其商业模式不适合做私域。还有"懂车帝"，这是一款App，也不属于私域场景下的产品，但靠私域朋友圈卖车，这就是私域场景下非常好的产品。

所以这里我们要明确一下，**本章我们提到的产品和产品力，均指的是私域场景下的产品，也就是私域产品**。这类产品与互联网App产品、软件产品不同，更多属于"商品"，包括实物商品和虚拟商品。

实物商品很好理解，比如汽车、燕窝、化妆品、护肤品等。虚拟商品则有不同的类型，比如课程、圈子、服务、保险等。

这是第一点认知。因此，我们的产品力与互联网产品经理的产品能力不同。我们主要聚焦在为客户提供"私域产品"。这里的产品更多指的是"商品"。

认知二：什么产品适合做私域

刚刚说到，私域产品主要是以"商品"为主，那么，所有"商品"都适合来做私域吗？

当然不是。

本书开篇，我们提到私域的本质是长远而忠诚的客户关系，需要通过精细化运营来实现。这个精细化的成本很高，而一些商品的模式本身无法支撑起精细化运营。

所以，我总结能做私域的产品，必须至少满足以下两个关键词中的一个：**高客单价**和**高复购率**。

第一个词：高客单价。"豪车毒"就是典型中的典型，9个人一年创造15亿元的流水，为什么这么高？因为豪车一单就是几百万元。15亿元，按照单次200万元来算，只要一年有750台车，就可以达到这个收入。如果按照10%的毛利，一年就是1.5亿元。有这个钱，别说9个人做精细化运营，90个人都养得起！

保险类产品也属于高客单价的典型，有很多视频号博主就是保险公司的销售团队负责人，高端寿险类产品一单也价格不菲。

类似的高客单产品还有教育培训类产品。这种高单价产品的转化周期都很长，也需要精细化地去运营，尤其适合私域，或者说必须在私域做。

第二个词：高复购率。如果客单价不高，但是消费频率很高，其实也适合做私域。美妆就属于这种类型，比如完美日记。还有特别火的社区团购，把小区的邻里都加了个遍，虽然客单价不高，但是很多人天天都会买菜。这种高复购率的产品，有一些现在通过私域做出了新的增长曲线。

以上两种产品，本质上LTV比较高。

如果你现在做的是如剪刀、打火机这种主要靠货架渠道的产品，低客单价、低复购率，LTV不高，就不建议做私域。但如果你的商品高客单价或者高复购率，请不要犹豫，立马把私域做起来！

认知三：私域产品的六个基本指标

刚刚我们讲到，高客单价或者高复购率是一个产品能够做私域的基本条件。其实任何一个产品都有六个基本指标。就好比抖音算法判断一个视频是否值得推荐，也会考虑六个指标：完播率、点赞率、转发率、评论率、下载率和复播率。

一个产品的六个基本指标，是两个数字和四个比率。两个数字指的是**潜在客户数、客单价**；四个比率指的是**转化率、复购率、转介绍率和毛利润率**。

这六个指标，我来逐个简单解释一下。

潜在客户数指的是这个产品预期市场有多大，会有多少人愿意购买。

客单价指的是单次消费的价格。

转化率一般指的是接触到产品的客户中转化为付费客户的比率。

复购率指同一个客户付费后，后续再次消费的次数。

转介绍率指一个客户后续会介绍多少客户来购买。

毛利润率的定义不一，一般指的是这个产品的售价减去成本。如果是教育类虚拟产品，那么要减去的是履约成本，包括教材、老师成本、班主任工资等，也就是完成产品交付所需要的成本。

刚刚我们讲到的高客单价和高复购率，对应的就是其中的两个指标——客单价和复购率。

对一个产品来说，当被推向市场的那一刻，这六个指标就基本确定了，也就是一定会有六个基本确定的指标。这是客观存在并且短期内不以个人意志为转移的指标，除非对产品做调整，或者考虑中长期的情形，其可能随着产品口碑的变化而变化。我们接受商业训练的结果，就是可以更好地去预测它们。

好的产品，一定是这六个指标越高越好，也就是潜在客户数多，客单价高，转化率、复购率、转介绍率都高，同时毛利润率高。

但能做到大满贯的产品极少，能够满足五个指标就已经很了不起。比如白酒、香烟、茶叶、豪车、美妆护肤产品等。

我们做任何一个产品，其实都是围绕这六个数字做设计和取舍。

比如潜在客户数多的产品，一定竞争超级激烈，而且已经有行业龙头的存在，所以我们要从细分品类开始切入才有市场。

而客单价越高,转化率往往越低。不过奢侈品类除外——这种特殊的产品在经济学当中还专门有一个名词,叫"吉芬商品"(Giffen Goods)。但任何一个奢侈品品牌,比如爱马仕、LV等,都需要几十年甚至几百年的积累。

就成本固定的商品而言,客单价越低,转化率通常越高,但毛利润率也会相应降低,甚至可能变为负数,比如打价格战的时候,卖一单亏一单,杀敌一千自损八百,所以要做好取舍。

某位大佬曾经说过:最好的生意就是复购。有些产品天生复购高,而有些产品天生复购差,而复购率高的品类一定竞争极其激烈。

这里我们再用数据思维看一看。撇开潜在客户数,我们把另外五个指标列出来,可以用公式简单计算一个可以近似等同于产品力的指标,叫**"单位新客毛利贡献"**,也就是从一个新加到微信的潜在客户那里,你能够挣多少毛利。注意,这里不是客单价,而是毛利润,另外,不是这一个客户这一单的,而是这个客户终身产生外加转介绍的综合毛利。公式如下:

单位新客毛利贡献
=
定价×转化率×(1+复购率)×(1+转介绍率)×毛利润率

下表是三个产品的例子:

产品	定价	转化率	复购率	转介绍率	毛利润率	单位新客毛利贡献
剪刀	10	10%	0.1	0.01	50%	0.56
豪车	2 000 000	0.1%	0.2	0.5	10%	360
面膜	100	5%	4	0.8	40%	18

这里，转化率的定义是加的微信潜在用户中最后成单的比率。复购率是付费用户在用户生命周期内发生再次下单行为的比率，比如，0.1的复购率指的是10个用户中再次下单的只有1个人。转介绍率是1个付费用户在用户生命周期内带来的新下单人数，比如，0.5的转介绍率指的就是平均2个用户会转介绍来1个新用户。

我们从上表的数据中可以发现，同样是加一个相对精准的新微信（我们教育行业的行话称之为Leads），卖剪刀加1个微信好友，毛利润是0.56元，卖豪车是360元，而卖面膜是18元。

这是一年的数字。如果一个优秀的私域运营月薪1万元，房租、水电、办公等综合成本折算为一年8万元，一年一共就是20万元的全部成本。我们按照理想状态来算，一个人可以维护4台手机，也就是4个微信号，一共20 000个好友。那么如果是卖剪刀，1个私域运营一年要亏18.88万元；而卖豪车，1个人一年可以挣700万元；如果是卖面膜，一个人一年可以挣将近16万元。具体数据见下表。

产品	单位客户毛利贡献	20000个微信好友的毛利	1个私域运营的成本	单位人员的盈利/亏损
剪刀	0.56	11 200	200 000	−188 800
豪车	360	7 200 000	200 000	7 000 000
面膜	18	360 000	200 000	160 000

当然，以上我只是举个例子。豪车和面膜也是最理想状态下的产出，大多数情况是没有那么多好友的。数字不一定绝对准确，但这是一个我们思考产品力的框架，一个私域产品的产品力一定包括这些指标，只不过你可能没有感知和认知到而已。

参考这个模型，我们做好产品转化，做好产品的复购，做好转介绍，以及提升毛利润率，就可以极大程度地提升利润。

上面的模型，如果豪车转化率能够提升一倍，那么单位人员的盈利也能翻倍。

所以为什么在第五章要讲精细化运营——都是利润！

认知产品的六个指标，对于操盘手和IP而言非常重要，很多公司垮掉或者做不起来私域，就是账没有算好、算清楚。

认知四：如果产品不好，好的广告只会加速产品的死亡

产品是1，营销是0。

刚刚给你展示了各项产品指标。一定要记住，这些数字都是动态的。比如转介绍率，在产品刚刚上市时一定是最低的，因为转介绍的前提是用户认可，而那个时候都还没有用户体验过，谈何转介绍？又比如定价也会调整，有些产品会降价以提升转化率，但会伤害老用户，影响复购率和转介绍率；有些产品会涨价，短期会提升毛利润率，但长期会导致转化率下降。

这些指标也相互影响。比如说为了更高的毛利润率，把成本压得太狠，偷工减料、粗制滥造，表面上，毛利润率会提升，但是长期口碑下降，复购率、转介绍率和转化率都会下降，得不偿失。

再比如，如果产品不好，哪怕再好的广告、再好的运营、再好的IP定位，都只会加速产品的死亡。广告和营销只会影响一开始的转化率，如果产品真的很烂，退费率会激增，投诉率会激增，复购、转介绍都会很差，长期而言，转化率也会逐步下降。

切记，要长期主义。

认知五：打造高R因子产品，让付费用户不断裂变

在刚刚关于产品的六个基本指标当中，有两个指标特别重要，分别是复购率（Repurchase Rate）和转介绍率（Referral Rate）。这两个因子开头都是R，我创造了一个新的定义，叫R因子——

R因子=复购率+转介绍率

比如说，一个产品生命周期是1年，每个客户在1年内的复购率是60%，转介绍率是50%。这意味着1个客户在1年内会有0.6个复购，并带来0.5个新增客户，也就是1年后，1个客户变成了1.1个客户。这里R因子就是1.1。

R因子高，就意味着哪怕我不投入新的市场费用来获取新的客户，只需要把现有的客户服务好，我的客群总数就会一直裂变增长。

我把R因子大于1的产品称为"高R产品"。如果我做的是高R产品，只要我服务好现有客户，我的客户总数就会不断增长，这是一种极其优质的商业模式。很多成瘾性的商品就是这种类型，比如香烟。中国法律规定，烟草是不许打广告的，但是中国的烟民每年都产出上万亿元的税收。香烟的留存率或复购率非常恐怖，而且转介绍率也极高，因为很容易出现一起聚集的场景。这就是高R产品。

据我了解，有一个付费社群也是从来不打广告，就靠着强内容和强运营，每年的付费用户数都在不断增长。这也是私域场景下的高R产品。

私域其实是一个特别好的提升用户续费和转介绍愿望的场景，特别是对于本身履约就依赖私域、依赖微信场景的产品而言，比如教育产品。我旗下公司之前做的潘多拉英语和极光单词就是私域的高R产品，用户通过打卡裂变的方式，学习完之后分享链接到朋友圈，从而获得对应的激励。

我旗下公司的某个打卡类产品，R因子高的时候可以到2，也就是一个付费用户在生命周期内可以变成2个付费用户，相当惊人。当然，因为裂变得太厉害，高峰的时候我们一天涨20万粉丝，后来腾讯官方不允许任何人再用这个模式做增长。

那么，如何打造高R产品呢？

产品本身要有内容传播或者运营传播的属性。像一些产品是天生就不具备内容和传播属性的，比如我们刚刚提到的剪刀，就很难成为高R产品。再比如，一般的招财猫不是高R产品，但是我特别喜欢的"大力劫财猫"就是一个典型的高R产品，因为它有夸张而独特的外形和含义。

同时，在产品的交付期间，我们哪怕降低毛利润率也要主动"做重"：重内容、重运营服务。比如理财的社群，每次股市有新的政策或者新的消息时，都可以有新的内容产出，进而让大家深度参与或者主动传播，带来高复购和高转介绍的可能。再比如海底捞超贴心的服务带来的社交媒体推荐曝光，使得重复消费和转介绍提升。再比如，豪车毒给买车客户做的极致家庭保洁服务，也能够起到这样的效果。

当然，我们"做重"也要算好账，计算好投产比。设计好产品当中的峰值和终值，以及主动传播到朋友圈的素材，给用户留下极佳的体验。长期而言，复购率和转介绍率这两个属性比转化率要重要。

我再次建议你认真思考，自己想做的产品如何才能成为高R产品。

产品是1，营销是0。

认知六：私域产品矩阵的分类

前面围绕私域产品的定义和私域产品的各种指标讲了五个认知，最后一个重要的认知，咱们谈谈私域产品的分类和矩阵。

一个团队做私域，产品一般都分为这三种模式：

1. 纯自有

2. 纯代理

3. 自有+代理

理解起来很简单。如果产品是你自己做的，就叫自有产品；如果产品不是你做的而是别人来提供，你只负责销售，就是代理产品。我们后面会讲如何做自有产品，接着会讲代理产品的一些注意事项。

这三种模式都有很多人在做，优劣势也不一样。

做纯自研产品矩阵，好处是自己可以把握后端交付，商业模式非常闭环，估值也会更高。完美日记的私域也为其估值加不少分。坏处则是前期投入大，对团队要求很高，需要产品研发团队，如果是电商，还要做供应链管理和库存垫款。总的来说，不适合小团队、资金实力不强的团队来做，做得不好亏得会更惨。

纯代理的模式好处是很轻、很快，东西不用自己生产，省了前期几百万几千万元的投入。但坏处也显而易见。很多代理资格需要花钱压货，另外作为代理是不知道品牌公司经营情况的，容易面临公司跑路的风险。而产品如果不好，自己也无力控制和改变。很多个体创业就是这样。特别是一些教育类的个人博主，自己做产品的话成本很高，他们的私域主要是以接广告为主，这也算是代理的一种类型。

相较而言，自有+代理的模式则更加均衡。自有产品占据主要营收，通过自有产品来累积流量，再通过代理跟客群相关的一些产品来提升利润。我们公司现在就是既有自有产品，又代理和推广其他公司的教育产品，从而不断提升私域的变现效率。

至此，本章分享了六点关于产品的认知，包括什么是私域场景下的产品；什么产品适合做私域；私域产品的六个基本指标——潜在客户数、客单价、转化率、复购率、转介绍率、毛利润率；如果产品不好，好的广告只会加速产品的死亡；打造高R因子产品，让付费用户不断裂变；私域产品矩阵的分类。

最后再次强调：产品是1，营销是0。

打造自有产品四步法

产品经理是CEO的学前班。

打造一个产品是一把手工程。如果你作为打工人在公司参与一个产品，让它从0到1并逐步扩大，成为广为人知的明星产品，经历这个完整的闭环，那么你将获得很高的市场溢价，并且你将会有信心自己创业做一个产品。

过去几年，我的公司做了二十多个项目，每个项目都是一次从0到1的新产品征程，有些产品可以跑到100，有些产品则胎死腹中。

我最开始做了轻课，后来给小麦老师打造英语麦克风，又做了潘多拉英语。到后面，我把认知分享给核心骨干，并在公司内部成立操盘手孵化学校，培养了一批批核心操盘手，给优秀的学员提供预算和启动资金，进一步孵化了更多的优质产品和项目。其中成功的有极光单词、趣课多、清新冥想等产品，当然也有不少失败的，每个项目都要交几百万元甚至数千万元的学费。

我培养内部操盘手的内训课中，系统地把如何做产品整理成了四个步骤，后文会提到。这些内容比较适合目前产品体系还不够清晰，或尚未实现商业闭环的团队，快速建立起打造自有产品的体系化意识。

关于纯互联网App产品，我就不提及了。虽然过去几年我也曾做过，但现在已经过了互联网上半场的时机，App的圈地时代已经基本落幕，机会窗口不再，我更愿意分享当下成功概率更高的机会。

打造自有产品的四步法分别是：

第一步：站在原点，先胜而后战的产品定位

第二步：从0到1，PMF（产品市场匹配）产品的市场验证

第三步：从1到10，PMF产品扩量

第四步：从10到100，搭建多元产品矩阵

接下来我逐个说明。

第一步：站在原点，先胜而后战的产品定位

虽然这只是第一步，却是这四步法中篇幅最长的一个部分，因为站在原点时你会有很多方向，究竟走哪个方向？后面好不好调整？

你要明白，开始做一个产品时，你就在不断烧钱，因为你需要前期持续不断地投入。

我接触过很多早期新手创业者，很多人都说，我就一个人，没有成本。如果你说这样的话，说明你还是太年轻了。你的时间不是成本吗？考虑到你这些时间用来做其他的事情所赚到的钱，这不就是机会成本吗？

当产品一旦跑起来，规模越大，越难掉头，你所接触到的噪声也越多。所以，当你站在原点时，表面上你一无所有，但其实你拥有一切可能。

我特别喜欢《孙子兵法》中的一句话——先胜而后战。聪明人，接受过商业训练、战场洗礼的人，总能一眼就事先看透、看穿，看到终局，这就叫先胜而后战。当你处于原点时，在你面前有很多条路，可以往南、可以往北，可以做重、可以做轻。每条路的成功概率都不一样，你需要做的是理清楚、发现它，然后迈出最适合你走的那一步。

第一步的结果是找到你的产品定位，包括你的产品是什么、主要客户是谁、他们的需求是什么、定价多少、核心卖点、差异化以及如何交付。

最直观的结果就是写出一个产品购买页。这个购买页既是产品的宣传页，更是你跟用户签署的一份契约。可能只有1000个字，但每个字都是交付，都是责任。

站在原点时，你要做的最重要的三件事就是STP——Segmenting（划分市场）、Targeting（瞄准市场）和Positioning（市场定位）。

Segmenting就是对市场做划分，分成很多块；Targeting是在划分完的市场中选择一块作为目标市场；Positioning是产品定位，是市场和产品的认知连接，即怎

样用一个产品把这个市场打穿。

这个理论听起来很简单，但你千万不要以为听不懂的理论才厉害，正所谓大道至简。如果你可以有效利用好这个理论，将大幅度提升你找到PMF产品的效率。

首先是Segmenting，划分市场。

划分市场其实就是选择正确的坐标系和分类逻辑，把市场划分清晰。很多事情难以解决或模糊不清，可能就是坐标系选错了。

比如说，我所在的教育培训市场，整体可以根据受众的年龄从小到大分为启蒙早教、K12教育、职业教育。

启蒙早教 | K12教育 | 职业教育

0岁 ——————————————→ 成人

我们再来看看K12教育。继续建一个坐标轴，一个维度是年龄，另外一个维度是学科/非学科。我们可以这么来划分：横轴是6岁到18岁，上面是学科类，年龄越大，学科也就越多。下面是非学科类，比如说写字、钢琴、美术、STEAM（跨学科课程）等。非学科类大多聚集在前半段，因为到初三之后，学生的时间很紧张，主要精力放在升学考试的学科当中，做高中生的非学科类教育市场就很小。

学科类　语数外 理化生 政史地

6岁 ——————————————→ 18岁

素质类　写字 钢琴 美术 STEAM

坐标系可以有很多的维度。把哪些要素放在坐标系中，将从根本上影响你对这个行业的生意和你对产品的看法。

上面是站在年龄和学科/非学科的维度对K12教育市场做的分类，那么同样一个市场，我们按照课程的交付方式，还可以做一个新的分类，如下图：

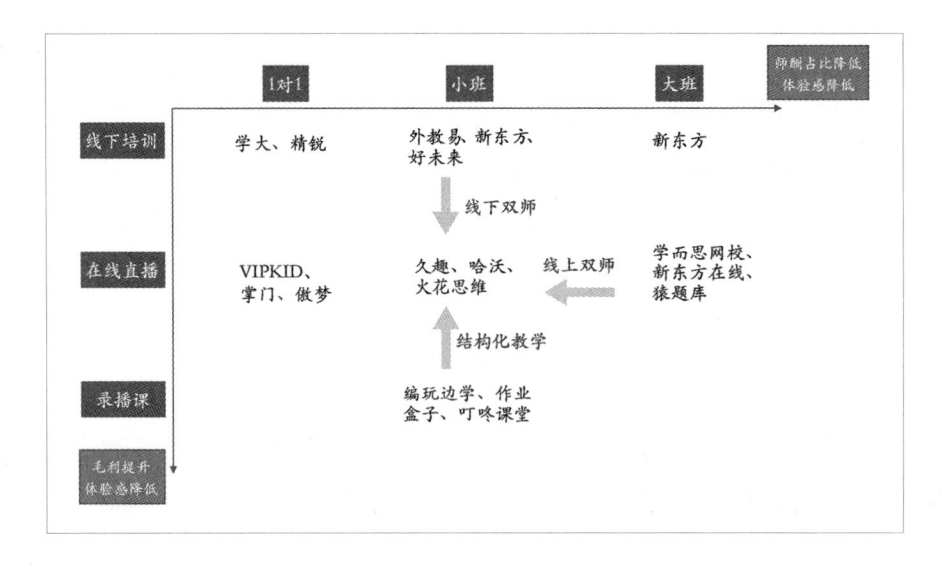

```
                    1对1          小班              大班         师酬占比降低
                                                                 体验感降低
   线下培训        学大、精锐    外教易、新东方    新东方
                                好未来
                                    ↓ 线下双师
   在线直播        VIPKID、     久趣、哈沃、    ← 线上双师   学而思网校、
                   掌门、傲梦   火花思维                      新东方在线、
                                                              猿题库
                                    ↑ 结构化教学
   录播课                        编玩边学、作业
                                 盒子、叮咚课堂
   毛利提升
   体验感降低
```

这是从一份投资人的行业报告中截的一个分类，横轴是老师课酬占比，从1对1、小班到大班逐渐变少，体验感降低；纵轴是毛利的比例，从线下培训、在线直播到录播课，毛利逐步提升，体验感降低。

这张图理解起来有点复杂，需要一些深度思考。

通过这种分类，我们可以站在另外一个角度把K12的市场重新分类，然后选择一个自己的目标市场。美团创始人王兴经常说一句话：如果你对市场分析得足够好，那么决策是会自己呈现的。所以如果你要做一个很艰难的决策，那可能是你的分析不够好，你没有选择正确的维度和颗粒度去分析，所以怎么做都很艰难。

最后，再拿成人教育举例。

我喜欢把人按照学习意愿的维度分为不燃、可燃、自燃型三种，其实这三种也对应了不同的成人教育市场。

不燃型的人不爱学习，他们大部分人对教育的本质需求，就是希望花钱买学历，而不是花钱去学习。这块就主要对应学历教育的市场，比如自考、专升本等。

不燃型的人占据市场的大多数，甚至接近70%。你要知道，学习是反人性的，愿意改变自己的人少之又少，特别是在小县城，很多人结婚之后，这辈子就基本定了。

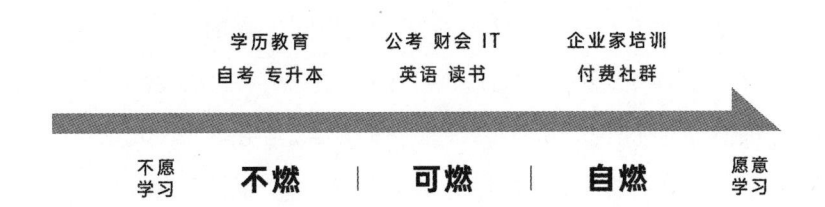

```
              学历教育        公考 财会 IT      企业家培训
              自考 专升本      英语 读书        付费社群
                                                              →
       不愿                                                   愿意
       学习      不燃    |    可燃    |    自燃              学习
```

可燃型的人是可以被激发的人，这类人群占比可能接近30%，大部分是一二线城市的白领阶层，他们会为了职业规划来付费学习。对于这类人，公考、财会、IT是三大刚需领域，除此还有英语、读书等泛兴趣的品类。

自燃型的人会持续不断主动学习，甚至自己给别人来画饼，激励他人学习，这类人以中小企业主为代表，还包括企业高管、自由职业者等，他们人数不多，只占到3%，但是市场非常大，有3000亿，典型产品就是企业家培训、总裁班、MBA、付费社群等。

讲完划分市场，就到了STP的下一步——Targeting，瞄准市场。

划分市场这个步骤很重要。但实际上并不是划分完市场之后再来瞄准某个市场，大多数时候都是因为不能很好地瞄准市场，才反过来划分市场，然后发现划分的维度没有找好，或者颗粒度不对。

另外，瞄准市场的时候，要清楚自己是在找"切入点"，还是找"目标市场"，这个差别非常大。从做私域资产，也就是卖商品的角度来讲，切入点就相当于"引流品"，真正的目标市场则相当于"利润品"。

所以，选切入点的时候，你要选从长期的维度来看对自己最有利的点开始，尽可能避免一种状况——你选了一个市场机会，别人也选了一个市场机会，各搞了5年之后，双方发生了交叉竞争，那时发现可能是不平等的竞争。譬如说滴滴打车打败E代驾，打车比代驾频率高多了，这也就是O2O当中的"高频打低频"。

另外还要警惕的是，如果市场空间选得太大不够聚焦：第一，有可能做不起来；第二，即使做大了，任何一个小块都有可能被别人以新的品牌来肢解。举个常见的例子，在男装领域里西装、牛仔裤、T恤、衬衫都有各自的代表品牌，如果你选择整个男装作为目标市场风险就很大，贪多反倒容易落空。

瞄准市场后，你需要去获得真实的需求。任何一个产品的诞生都源于一个真实的市场需求。如何具体识别需求是一件相对复杂的事情，这里不做展开，简单来说，跟用户聊天、研究竞品、看产品数据，这些都是能够让你更好地感知客户需求的方式。

接下来说STP的最后一步——Positioning，市场定位。

如果说瞄准市场（T）更多是从需求维度，也就是你选择了某个市场、某个客户人群，那么市场定位（P）则是从供给的维度：我要提供什么样的产品才能击穿这个市场？

这是相对复杂的一个维度。定位就是，对于潜在客户来说你的产品是什么，用户为什么要选择你的产品，也就关系到本节开始说到的，你的购买页、广告，还有你的直播间下单话术是怎么样的。核心的核心，就是一句话打动潜在客户，让他毫不犹豫地选择你。

比如，百达翡丽的广告词——"没有人真正拥有百达翡丽，你不过是为后代保管而已"，这就是一个很好的传家宝的定位。在这方面，有一本商界"圣经"叫《定位》（*Positioning*），我也在直播间推荐过，这本书曾经被美国营销学会评选为有史以来对美国营销观念影响最大的书之一，还被美国《广告时代》杂志评选为史上营销经典第一名。

定位的背景来自"选择的暴力"，也就是产品供给侧的大爆发。比如汽车这个市场，几十年前只有几个品牌，而现在，已经有数百个汽车品牌，光电动车就像雨后春笋一样冒了出来。以前说到电动车，大家只会想到特斯拉，最近的一两年，小鹏、理想、蔚来都入局，小米、华为、百度、滴滴也都在路上。

有那么多品牌供给，但是每一个产品类别中，消费者最多只能记住七个品牌。在《定位》中，作者特劳特进一步指出，一个行业的品牌，消费者根本记不住七个，最多只能记住两个品牌，消费者心中往往只有三个梯度——老大、老二和行业其他。

所以，我们要做的不是传播信息，而是不断简化信息，一句话找准自己的定位，一句话打动客户。那么如何具体来做定位呢？推荐你去读《定位》这本书。我从书中提炼了三个核心秘诀，分别是：**领导者定位；跟随者定位；"掀桌子"**，即**重新定位你的对手**。这里跟你简单讲一讲。

领导者定位，就是把自己定位成某个领域的第一名。

因为第一名印象最深刻。最高的山峰、第一个登上太空的人、中国第一个航天员，还有你的初恋，是不是印象最深刻？要记住：一个行业第一名的获客成本，是第二名的一半，是第三名的四分之一，因为大家都愿意选第一名。

那如果不是第一名怎么办呢？下一个，跟随者定位。

跟随者定位，就是想办法找到新的空当，在一个新的领域和人们已有的认知进行关联。

如果你不能在某一个品类中争得第一，那么你就可以开创一个你可以成为第一的新品类。

阿梅莉亚是第三个独自飞越大西洋的人，但她很聪明，对外说自己是第一个飞越大西洋的女性。这样大家就记住了她。

李宁曾经想和阿迪达斯、耐克正面对垒，推出高端产品，但结局不理想，一度销量下滑、经营困难，但是通过定位的转变迎来转机——李宁把品牌名字做了个简单的调整，在前面加了两个字，叫"中国李宁"。通过这一招逆转定位，李宁化身国货代表品牌，销量暴涨。

不仅是李宁，如今的国货浪潮也让很多新消费品品牌崛起。譬如，完美日记定位自己是国货之光，花西子则进一步定位自己是东方彩妆。这个浪潮的根源，就是中国变强大之后的民族自信心。

那如果各个领域都被占领了，怎么办？第三招叫"掀桌子"，也就是重新定位你的对手。

重新定位你的对手，这招有点狠，通过改变人们对竞争品牌的已有认知，让这个占据人心智的品牌受到负面影响，甚至摧毁它的形象根基，也就是把对手拉下马，让自己上位。

曾经在美国的止疼消炎药市场，阿司匹林是第一名。然后泰诺打了个广告：如果你身体不舒服要吃止疼片，那么在吃阿司匹林之前应该请教医生，因为阿司匹林会刺激胃黏膜，可能引起哮喘、过敏反应，但还好，我们有泰诺可以选择。

是不是有点损？但这就是真实的商战，而目前，泰诺成了第一名。当然，一切都要在遵守事实、法律的前提下，如果做得太过了，可能会被告诽谤。

如果你想进一步学习定位和定位理论，欢迎阅读《定位》这本书，强烈推荐。

讲完了STP，你现在对于做产品的第一步是不是有了更清晰的认知？我们再回顾一下：

S-Segmenting，划分市场

T-Targeting，瞄准市场

P-Positioning，市场定位

我跟很多商业老手聊过，他们有些人不知道STP，但我发现，他们的思路基本都是围绕这三步展开：先划分市场，然后瞄准其中一个自己有优势竞争又不激烈的蓝海市场，再做出一个击穿客户的产品定位。

做商业，就是跟打仗一样。我们讲先胜而后战，核心的意思就是在启动一个项目前要做好第一步，即STP，最后做出一个击穿市场的产品定位，然后就是我们打造自有产品的第二步：从0到1，PMF的市场验证。

第二步：从0到1，PMF产品的市场验证

STP的目标，其实是让你打造一个PMF的产品。

PMF是什么意思？全称为Product Market Fit，直接翻译过来就是"产品匹配市场"，或者说，为市场匹配一个产品。

对于一个商品而言，**我认为，最基本的PMF就是转化率，或者转化率是否达到预期**。对于一个商品而言，如果你找的定位、独特卖点和对应的定价不能说服消费者买单，说明你有可能还需要重新回到前面的STP的步骤，继续打磨产品。

除了基本的PMF之外，还有**两个衍生的PMF指标，分别是退费率和NPS值**。退费率比较好理解，NPS（Net Promoter Score）值又称为净推荐值，也可称为口碑，是一种计量某个客户将会向其他人推荐某个产品可能性的系数，具体的统计模式你可以自行在网上搜索学习。

这两个指标都跟用户体验相关。用户体验差，则退费率高，NPS值低，带来的连锁反应，就是前面我们所说到私域产品的六个基本动态指标中的转化率、复购率和转介绍率下降。所以在私域商品的场景中，对PMF的产品判断标准就是，转化率是否达到预期，以及毛利是否足以支撑做精细化运营。

而更优秀的PMF产品，退费率低、NPS值高，后续转化率、复购率、转介绍率都会持续增加。

一般来说，一家创业公司的成败核心点，或者我们打造私域资产的成败核心，就在于是否找到了PMF。所以我们有本节的金句：产品经理是CEO的学前班。

这里还要提示一下，在从0到1这个阶段有三个雷。

第一个雷，是还没打造出产品，钱就没了，团队解散。第二个雷，是产品打造出来了，但没有验证是不是PMF产品就进入下一阶段，发力猛放量，结果后来口碑

大幅度下降，钱花光了，信心也丧失了，团队解散。

针对以上两个雷，有必要介绍一个重要的概念：MVP。

前文介绍过，MVP全称为Minimum Viable Product，即"最小可行性产品"，这个词来自一本硅谷畅销书《精益创业》（*The Lean Startup*）。MVP指的是企业用最小的成本开发出可用且能表达出核心理念的产品，其功能极简，但能够帮助企业快速验证对产品的构思，以便企业在获取用户反馈后，持续迭代优化产品，不断适应市场环境。

MVP理念受到了很多硅谷创业者的认可，对很多硅谷企业进行产品创新都提供了有益指导。大家所了解的元气森林、喜茶、完美日记都是这套玩法的高手。它们都以极快的速度推出新产品，快速获得市场的反馈，进而优化，最终推向市场。

我以自己为例。私域创富圈如何打造MVP呢？创富圈上线的时候，我的二十多节课并没有全部录制完成，而是只有一个核心的框架——私域五力模型。此外还有我过往在公司做的内训课的框架，录制了3~4节的示例课程。但是如果我把二十多节课全部录制完再进行销售，万一卖不动，就失败了，这不符合精益创业的思想。到时候不仅花费大量的钱，还浪费时间，从而错过很多机会。

所以，对于一个教育产品来说，在核心卖点确定之后就可以开始招生，然后根据销售和交付的过程不断调整和优化产品，这就是MVP思维。

在MVP之外，还有一个重要概念界定，后面也会讲到：产品都会有矩阵。并且按照功能，产品可以分为引流品、利润品、活动品和形象品，其中以引流品和利润品为核心。

注意，PMF的产品得到验证，指的是利润品。 因为利润品能够带来足够的现金流，才能支撑起私域团队的精细化运营。关于不同类型产品的介绍，我们后面再详细说。

刚刚说了两个雷。第三个雷，就是找到了PMF产品却没有发力。

我曾在这一点上犯过错。这跟产品力的第三步有关：从1到10，PMF产品扩量。

第三步：从1到10，PMF产品扩量

找到了PMF产品却没有发力——这里的发力，指的就是通过运营手段提升产品的销量或市场占有率。

如果你跑通了PMF但是不发力，你的对手就会抄袭，然后把属于你的市场份额夺走。

前面我们讲到，PMF产品跑通的标准是转化率达到预期。预期转化率应该如何界定？这其实是一件很难说的事情。

从严格意义上来讲，高R产品很稀有，也就意味着，一个产品是一定要做投放的，不管是在内部渠道还是在外部渠道投放。当我们花钱买量的成本，能够被所转化的利润品对应的毛利覆盖，我们叫这个产品能够跑通投放。一般而言，在转化率上，一家公司的内部渠道都高于外部渠道。

这里简单说明一下。内部渠道指的是用户对我们有认知、有一定了解的渠道，譬如说我们的私域；外部渠道指的是用户完全不知道我们是谁，没有任何了解，比如说信息流、公众号投放。

因此我们可以把产品分为跑通内部渠道和跑通外部渠道两种状态。

跑通内部渠道是容易的。因为用户对你一定有了解有信任，但如果产品只能跑通内部渠道，不能跑通外部渠道，这就意味着产品的天花板显而易见，就是你现有的内部流量乘以转化率。第一拨卖得最多，后面一定会越卖越少，等到该转化的都转化完了，就卖不动了。

这时，你需要做一件很辛苦的事情：靠IP的时间获客。特别是如果产品不是前面讲到过的高R产品，用户一定会有衰减，那么你需要靠IP做内容，通过IP来跟别人的私域互导，本质上就是通过IP的时间来获得新的内部流量，进而提升产品的销量。

跑通外部渠道很难。因为现在公域流量的购买成本越来越高，而且外部流量的采买是赢家通吃的局面。一个行业转化率最高的老大，可以吃掉大部分流量，甚至不少行业中，行业老大们通过不断融资，即使投放的ROI不能跑正，也依然购买着

大量的流量，譬如，美妆行业的完美日记、教育行业的猿辅导。所以跑通外部渠道很难很难。

但如果你能跑通，那么恭喜，非常恭喜，无比恭喜，你可以大量购买流量，而这些流量会成为你搭建私域资产的流量来源，更会成为你日后竞争的规模壁垒。

这里的从1到10，其实对应了加微力篇章中的外部流量场景。还记得是哪三大场景吗？分别是：

1. 公域算法推荐
2. 公域付费买量
3. 别人的私域

1和3就是不断把内部渠道做大，然后把产品投放到内部渠道，从而持续产生现金流，天花板明显，流量不稳定，波动性强。2就是直接把产品投放到外部渠道，进行付费转化后再沉淀到私域，天花板很高，可以做得很大。

PMF产品跑通投放、不断扩量后，接下来就是最后一步：从10到100，搭建多元产品矩阵。

第四步：从10到100，搭建多元产品矩阵

到这一步，你的产品已经经过市场验证是一个PMF产品，并且经过上面的第三步，有一定的用户体量了。接下来你要做的就是不断扩充产品类型，搭建多元产品矩阵，拉升LTV。

我对不同的产品做了五个分类：引流品、利润品、活动品、形象品和渠道型产品。

前面讲到，跑通PMF主要指的是跑通利润品，因为利润品才是能够支撑私域精细化运营的重要现金流产品，应该在销售额上占到产品结构中最高的份额。

利润品可以是多个，可以是自研，也可以是代理，主要目的是拉高LTV和利润。 利润品的打造有很多讲究。

第一种是纵向拓展。 如果产品是消耗品或者消费品，这种天生续费的属性就很强，比如面膜、护肤品、酒等。这种消耗品最适合的方式，就是根据购买数量，推出低、中、高价格的产品包，通过私域运营来磕大单。

第二种叫横向拓展。 另一种产品天生不属于消耗品，续费比较弱，比如说课程之类，那么就需要根据用户需求和付费能力，设计出一系列的利润品。可以横向发展，做用户有需求的其他课程；还可以纵向发展，从课程入手，继续做圈子、私董会、线下课以及轻度咨询和服务等。

利润品的产品体系非常重要，是每个CEO或产品经理都应该抓好的一号工程，所以我们说，产品经理是CEO的学前班。

引流品主要是吸引流量。 要么是单价超级低，类似"9块9包邮"，要么就是对拼多多或直播带货而言iPhone这种单价高但是没有啥利润空间的产品。拼多多的百亿元补贴就是这样做的。很多平台或者直播间就是用这种产品来引流，冲GMV（商品交易总额）并且提升品牌的调性，但是没什么利润。

活动品主要就是用于做活动的产品。 这个概念主要针对实物商品，可能是为了清库存，也可能是为了冲销量，还有可能是为了让潜在客户体验产品。

形象品就好比一个城市的形象工程。 可能买的人很少，但是可以做到很好的品牌拉升的作用，或为利润品做价格锚点。比如说，要把一瓶199元的红酒变成最热销的酒，你只需要在旁边加上一瓶1999元的红酒，大部分客户就会觉得199元很便宜，而这瓶1999元的红酒就是形象品。

最后一个是渠道型产品。 这是我新创的一个名词，顾名思义，买了这种产品的用户自动成为你的渠道，本质上就是代理加盟或者合伙人。这种产品微商用得非常熟练，一般单价都很高，譬如一盒200元的面膜，你一次性买1000盒，原价20万元，商家给你3折的折扣，只要6万元就可以买到。当你付费后，你可以自己卖出去，一般都得按照市场统一价，也就是200元进行销售。这中间的差额是14万元，如果你可以全部卖出去，那么你就挣了14万元。

这种渠道型产品有利有弊。好处在于可以快速回流现金，而且可以把客户变成渠道，把客户变成合伙人、超级销售，这应该是天底下所有老板的梦想。弊端在于，如果大量的人购买了渠道型产品，成为代理或者加盟，但是最后大部分人都没卖出去，比如：产品有一些质量问题；或者产品定位不吸引人，没有竞争力；或者有更强势的产品出现，导致产品没有终端动销，货都压在代理手里。表面上风险已经转嫁，但这是一颗颗不定时的雷，会爆。最后，你很有可能面对来自集体的退货要求，或者等着代理去举报、闹事，发布负面消息。

面对短期内现金的大量回流，大部分的创业新手很难控制住欲望，忍住不花。如果代理真的闹事，同时你又无力退货，就会爆雷。所以，渠道型产品或者通俗意义上所说的代理加盟是一柄双刃剑，可以让你的产品加速占领市场，也可以让你的创业走向不归路。

以上就是自有产品从10到100搭建多元产品矩阵的基本过程，帮助你进一步开源，拉高LTV，通过不同产品实现私域资产价值最大化。

一个教育圈的知名案例，就是猿辅导旗下的斑马系启蒙产品。一开始只有斑马英语，后来不断推出斑马语文、斑马思维以及写字、美术等，实现多元产品矩阵，不断拉高客户的LTV。

最后，简单回顾一下本节的主要内容——

打造自有产品分为四步。

第一步，站在原点，要有先胜而后战的产品定位。这里主要用的是STP——先划分市场，再瞄准市场，最后做好产品的市场定位。

第二步，从0到1，不断验证一个产品是不是PMF产品。在私域的场景下，主要看商品的转化率，再看商品的退费率以及NPS净推荐值。

第三步，从1到10，跑通了的产品需要不断扩量，不管是在内部渠道还是在外部渠道。不然辛辛苦苦打造出来的产品，很容易被别人模仿借鉴。

最后一步，我们需要搭建多元产品矩阵。通过5种不同类型的产品——引流品、利润品、活动品、形象品和渠道型产品的组合拳，不断提升客户LTV，放大私域资产的价值。

产品经理是CEO的学前班。

广告和代理加盟的三条注意事项

其实不管是广告还是加盟代理，本质上都是在卖别人的产品。不论是卖自有产品、卖广告还是做加盟代理，都要记住一句话，也是本节的金句：**收益越大，风险越大。**

在商业社会的市场竞争中，如果你想要更大的收益，就势必伴随着更大的风险。

在广告、代理、自营三个模式中，广告风险最小，收益也最小；加盟代理是中间风险；卖自有产品收益最大，风险也最大。

你可能经常听说加盟被骗的例子，但相比自研产品来说，卖别人的产品，也就是做广告和加盟代理，风险要小很多。自主创业做一个产品，能跑通的概率只有1%，99%的公司会垮掉；而做广告、代理加盟，跑通的概率其实会高很多，比如能到20%、30%甚至40%，但大部分还是会亏钱。

亏钱的故事是有传播力的内容，容易被媒体反复炒作；而挣钱的人都在闷声发大财。所以很多人会觉得搞加盟就是骗钱，但其实做加盟一定是有人赚钱的，只不过比例不高。

上一节写到打造自有产品有四个步骤。自研产品要走完全部四个步骤，而卖别人的产品则可以省去前面两步。如果你有足够的鉴别力，你可以快速发现那些已经跑通PMF的产品，节省大量的前期成本和时间，这就是卖别人产品的好处。

当然，因为你不拥有这个产品，所以你的天花板以及最终收益一定不如自研的高，这就是为什么收益越大，风险越大。

自研产品一定是收益最大的，但是风险太高。你看到了完美日记，但你不知道过去几年背后倒下的几万个美妆品牌。而且完美日记2020年第四季度财报显示，完美日记的市场费用依然大于销售收入，也就意味着整家公司都在为KOL渠道打工。

这也是我不建议很多靠内容做起来的短视频博主自己做产品，因为机会成本太高。做一个产品太需要前期投入了，你很有可能在这条你本不擅长的赛道上被击败。李佳琦这个超级IP，到目前为止，都没有打算自己做一个产品，而是不断作为渠道卖别人的产品，为别人的产品赋能，同时直接收获财富。

那么当你有了私域流量，要卖别人家的产品，有哪些注意事项呢？下面，我带你简单盘一盘！

第一条：选品、选品，还是选品！

选品无比重要，怎么强调都不过分。好的产品可以直接在私域爆单，还可以持续不断强化IP的形象。你可以看李佳琦的选品，大部分化妆品都是一线大牌，久而久之，就能够占据头部、正规的形象，带来良好的品牌飞轮。

如果选品出了问题，轻则拉低私域和IP的对外形象，大家会觉得这个私域IP很低级。如果出了一些更严重的事故，比如说产品质量问题，那对私域IP而言，会是一次危机公关，处理不好甚至会有毁灭性的打击。

快手的辛巴就因为假燕窝事件，被工商、快手官方处罚禁播60天，后来还一度宣布退网。

一般来说，好的选品需要符合以下三个条件：

1. 与私域IP的调性相关
2. 良好的品牌、口碑和交付
3. 利益分配机制友好

第一点，与私域IP的调性相关。这个跟转化率有关，跟IP的品牌也有关，最好是私域IP本人使用过该产品，这样用户也会更加信任。这里还有个小技巧，你可以先少部分尝试，在一些号上部分推荐，看看销售情况与粉丝反馈，通过MVP的思路来跑一跑，然后再确定是否全量推广。

第二点，良好的品牌、口碑和交付。要通过各个平台和自身体验，来确保产品口碑好。特别是大IP，一定会有很多人盯着你，前面的辛巴直播带货假燕窝就是一个血淋淋的例子。

我建议，在资金实力允许的前提下，找专业的人来做选品。

第三点，利益分配机制友好。最好的利益分配机制，一定是保底广告费+分成模式，其次是保底广告费，最次是纯分成。如果你对自身销售有信心，按照纯分成模式来走也行，但问题就是需要后续追踪销售数据，有些销售数据你可以直接看到，有些则需要对方来提供金额而你没法验证。还要督促回款，回款周期的不确定、沟通效率的低下，都会带来不确定性。

第二条：分销是否需要垫资

如果你流量少、不出名，你跟品牌方谈判时容易处于弱势地位。那么如果你要卖对方的产品，很有可能对方会让你先出钱、压货，从而给你更高的收益分成。

这一招很多微商都在玩。而且你交的代理费越高，你拿货的价格越低，利润空间越大。这也真的应了最开始那句话：收益越大，风险越大。

不是说垫资一定就不好。对品牌方来说，收取代理费、加盟费其实也是一种筛选，找到真正有资金实力，同时愿意投入的人来合作。但你一定要明白，给钱之前，对方会更主动；而当你付款后，你就会被动很多。

这种需要你先交钱才能卖别人产品的情境，我给你提几个醒。

一是要看品牌方的营收是来自终端动销，还是卖代理。有一些品牌方招募代理，并不是想帮助大家挣钱，而是只想割代理的韭菜，做这种品牌的代理，100个可能都没有1个能回本。

一个健康的品牌方大概率有自己的直营渠道，也就是它自己也在一些渠道售卖。如果品牌只有代理，那么你要问自己这个问题：这事儿如果能挣钱，为啥对方不自己干？这就叫有终端动销。

如果一个品牌方主要营收都来自代理，而它明面上会说帮你挣钱，实际上它挣的就是你的代理费，专门割你的韭菜。

二是最好自己深度体验产品，并对比竞品。真正的好产品是来自对比的，也就是一定要做好市场调研。如果你体验一圈下来，发现其他产品更好，那么建议放弃或代理其他家，因为你的选择大概率就是主流用户的选择。

三是不仅要看品牌方说了什么，还要考察其他代理有没有挣回钱。做代理加盟，即便产品正规，有终端动销，代理能挣钱，也并不是所有的代理都能挣钱。品牌方一定会把签约的条件不断调整优化，让一部分代理挣钱，另外一部分代理虽然不挣钱，但是看到有相当一部分代理挣钱，于是也放弃抱怨，这样品牌方的利益才能最大化。

所以，我们去决定是否成为一个品牌代理时，特别是那种需要付高额代理加盟费的，不仅仅要认真看品牌方的说辞和品牌方指定代理的说辞，更要看那些不挣钱的代理，找到他们询问真实情况，分析判断——是因为品牌方支持不到位不挣钱，还是因为自身能力不行、投入度不够不挣钱。更多的案例会让你的决策更加有效。

说完代理加盟的垫资，接下来说最后一条注意事项：广告或代理合同的签署。

第三条：广告或代理合同的签署

不管是直接做广告，还是通过代理加盟来销售他人产品，无论对方对产品吹得再好，承诺得再多，只要不敢在合同里保证，都不要信。

所以，在本条注意事项中，我结合自己公司过去几年签署上千份合同的经验，跟你好好盘一盘合同签约的一些注意事项。

先说明一点，商业谈判其实是一种博弈，一种从双方实力地位出发，最后协定落实到纸面上的契约。有时候你有很多诉求，但对方就是不写进合同，一副同意就干、不同意就算了的态度，你也是无解。还是那句话，自身强大是解决一切问题的根本。

关于广告和代理合同签署，有三点提示。

第一，商业合作，一定要签合同。这是行走江湖的一个重要习惯，特别是金额大的，要先签合同再打款。你把钱交给了对方就丧失了主动权，合同的条款一定是对对方有利的。

作为商界的老手，我最近还有一次因为内控问题，跟一个名师合作没有及时签署合同，最后对方做了一些不太好的动作，因为没有合同都不能算违约，结果就吃了个哑巴亏。这个教训，能避免尽量避免。

第二，不要相信口头承诺，一切以合同为依据。在项目推广的过程中，很多品牌方会夸大宣传，或做出不真实的承诺。比如承诺一旦代理经营困难，没有能把货都卖掉，品牌方将全额退款等。是不是很心动？

你要明白，一切口头承诺都是无效的，哪怕你录音，没有落实到纸面双方签字盖章，都没有法律效力。所有不能签署到正式合同里的承诺，都是毫无意义的承诺。

第三，双方权利和义务要清晰、具体、对等。既然是合同，甲乙双方的权利、责任和义务，以及违约责任都要清晰，一些模棱两可、含混不清的词语要尽量具体化。

比如"不定期的指导"，这句话就有问题。"不定期"是多久一次，一个月一次，还是一周一次？如果没有做到，会有什么后果，可不可以有违约金，或者退还代理费？一定要要求明确，这是对你利益的保护。

由于品牌方一般处于优势地位，它在合同中往往会扩大自己的权利，减少应承担的义务，同时会增加代理的义务，减少代理的权利。在签订代理合同的过程中，要力争合同中双方权利义务的互相对等，增加对自己权利的保护条款。

收益越大，风险越大。广告和代理加盟的风险相对自研已经比较小了，但这其中依然有不少坑，钱一旦交了，就被动了，所以一定要仔细思考，切忌冲动付款。

产品力从1到5分的评价标准及对应案例

这是"产品力"篇章的最后一节。我们先回顾一遍产品力的内容，然后我会以自己为例，分享一个产品体系的策略地图。章节末尾还会有一个1到5分的模型，带你了解不同评分的产品力是什么样子的。

回顾

本章的产品力，定义就是打造或筛选私域产品的能力。

产品力非常核心，是整个私域资产商业模式的起点。产品是1，营销是0。

在本课程，也就是私域场景中，我们所指的产品，不是互联网App产品，或者PC软件产品，而是在私域销售的"商品"，包括酒、车、护肤品等实物商品，也包括课程、圈子、服务等虚拟商品。

每个产品都有六个指标，分别是：

2个数字：潜在客户数、客单价

4个比率：转化率、复购率、转介绍率和毛利润率

适合私域的产品，一般都符合客单价高或者复购率高这两项中的任意一项，也就是LTV高。

如果一个产品的复购率以及转介绍率加起来可以大于1，那么我们称这个产品为高R产品。这种产品如果私域运营得好，不需要投放或者导量，就可以让付费用户不断裂变。

产品的毛利润率越高，运营就越有条件做到精细化，因为你可以让运营把服务聚焦到更少的人，从而进一步提升用户的体验。

私域产品矩阵包括三种模式：

纯自有

纯代理

自有+代理

打造自有产品的前期投入大，收益大，同时风险也越大。而要打造自有产品需要四个步骤。

第一步，站在原点，要有先胜而后战的产品定位。这里主要用的是STP，先划分市场，再瞄准市场，最后做好产品的市场定位。

第二步，从0到1，不断验证一个产品是不是PMF产品。在私域的场景下主要是看商品的转化率，再看商品的退费率以及NPS净推荐值。

第三步，从1到10，跑通了的产品需要不断扩量，不管是在内部渠道还是在外部渠道，不然辛辛苦苦打造出来的产品很容易被别人模仿借鉴。

最后一步，我们需要搭建多元产品矩阵。通过5种不同类型的产品——引流品、利润品、活动品、形象品和渠道型产品——不断放大私域资产的价值，每种产品都可以有多个组合拳。

除了卖自有产品之外，我们还可以通过广告和代理加盟卖别人的产品。这个收益更少，但是风险相对也越低，比较适合小团队快速变现，不用前期投入大量产品研发费用。

但是做好广告和加盟代理也有三条注意事项。

最重要的是选品。选品要跟私域IP的调性相关，品牌也要有好口碑。

其次，如果是做分销，我们要看是否需要垫资。如果需要垫资，一定要充分做好市场调研，不要光看品牌方说了什么，而要看其他代理商有没有挣回钱，品牌方的支持力度如何，最后要看品牌方的营收是靠卖代理，还是来自产品实际的终端动销。

最后，合同的签署很重要。签合同前你有主动权，一定要认真对待，签字后很多事情就没法改变了。

以上就是第五章关于产品力的体系的全部内容。产品经理是CEO的学前班，做产品也是一把手工程，那么我就以自己为例，来具体展示一下。

下面是我的产品策略地图。需要说明的是，里面的案例只是举例，有一些产品不打算推出。

自有产品体系：

P1——利润品——私域创富圈会员

P2——引流品——《肖逸群的创业手记》新书

P3——引流品——《私域资产》新书

P4——利润品——恒星私董会

P5——利润品——创始人/操盘手线下大课

P6——形象品——100万私域代运营服务

P7——活动品——"阶层跃迁课"课程

代理产品体系：
P8——某教育公司——"总裁班"课程
P9——某酒类公司——白酒套装

从P1到P7是自有产品体系，分为利润品、引流品、形象品和活动品，根据优先级不同逐个推出。而P8和P9是代理的产品，自有产品体系搭建好之后开始代理。

产品力评价标准

1分产品力：不适合做私域。

因为不满足高客单价或高复购率，比如说剪刀、水杯等，比较适合走渠道销售，产品也不具备话题属性，复购和转介绍也不高。

2分产品力：高客单或高复购产品，符合私域产品门槛。

客单价或复购率高，但是毛利不够高，产品也不是自己的，赚的是体力钱。比如在私域卖iPhone，或者在私域卖鸡蛋、牛奶，没有太强的核心竞争力，价格被京东、天猫或者小区便利店所压制。

2分产品与1分产品相比，因为其高客单或高复购属性，满足了私域产品的门槛。

3分产品力：满足2分并且毛利较高。

也就是要么高复购率、高毛利，要么高客单价、高毛利。这里的毛利高是相对行业平均水平而言，一般代表着你有很强的供应链控制能力，而不是你偷工减料。

3分产品与2分产品相比，有较高的毛利，精细化运营具备更多基础。

4分产品力：满足3分，且R因子大于1。

R因子大于1，意味着这种产品只需要服务好已有用户，就可以实现持续不断的裂变。一般这种产品的内容属性或者服务属性很强，很容易形成转介绍。比如我之前打造的潘多拉英语，R因子就大于1，毛利也比较高；老纪的豪车毒，传播属性也极强。

4分产品与3分产品相比，具备不花钱投放，就可以不断扩大规模的基础。

5分的产品力：满足4分标准，自有产品，特定赛道的领导品牌。

能够自己打造出高R产品，而不是代理或广告来销售，并且有相当的付费用户体量，成为市场的领导品牌，万里挑一。对这种团队而言，做不做私域都不重要了，因为任何一些产品动作都可以带来朋友圈自发的传播，比如特斯拉、小米、大疆等。

5分标准的产品力与4分的区别就在于此。产品太强悍，以至于做不做私域都不重要了。

下一章将具体阐述运营力的内容，也是私域资产五力模型中最后一个重要的能力。

第六章
运营力

私域运营的底层认知

本章，我将跟大家讲一讲私域五力模型的最后一个能力——运营力。

本书开头曾写道，私域的第一性原理是长远而忠诚的客户关系。这是我们所有能力、所有动作的最终指向，不管是IP力、加微力、产品力、运营力还是内容力。

其实站在运营的视角，当我们具备了IP定位，有了足够多的微信，产品准备齐全，而且拥有优质的内容的时候，**运营动作可以概括成一句话：一切为了成交！**

再次强调，我们这里讲的运营是私域运营，不是互联网App产品运营，或者其他的公司运营等。

我的运营力也是经过多年的学习和锻炼，才得以逐步培养起来的。从第一站做贸大校友汇开始，我是凭借自己的感觉，把用户运营得非常精细化，开始实现了用户的不断裂变。

后来随着在创业路上越走越远，我靠跟着几个大神学习，进一步提升运营力，慢慢实现大规模的变现。

在2018年，我的私域资产增长最快的时候，公司一两百号人，每个月能够实现数千万元的营收，并且有非常不错的利润，这都得益于我和所带的团队的运营力。

在私域五力模型当中，我对运营力的定义可以概括为这句话：通过人工串联所有要素，从而成交客户和精细化运营客户的能力。

这里面有几个关键词：人工、串联、要素、成交、精细化运营。在本章后面的认知部分，还会提出一个关于运营力的分类，也就是运营力的冰山模型，这个模型对上面那句话有更为详细的拆解。

我先跟你分享几点关于运营力的重要认知。按照惯例，还是先"道"后"术"。

认知一：不同阶段，三大模型的变迁，为什么私域开始被重视？

在创业前，我从来没有在互联网公司工作过。

从2008年开始接触互联网，到2015年开始全职做这次创业，我从一个啥也不懂的互联网小白，慢慢成长为一家数百人公司的CEO。我的十多次创业史，也是个人认知的进化史。

这几年，关于互联网运营，我听过很多很多的黑话和模型，不得不说，有些概括得非常精练，你也一定听过。譬如，运营就是"拉新、促活、留存、转化"。

关于互联网运营，我自己在认知上有三次重大刷新，这三次刷新分别对应三个模型，在这里给你捋一捋，相信听完之后，你对私域运营会有更新的认知。

我接触的第一个模型叫PRAPA模型。第一次听到时，我刚创业，是一个知名基金合伙人在一间小办公室里跟我讲的。听完瞬间，我对这个合伙人无比佩服，觉得太厉害了。

PRAPA模型诞生于PC端，是传统互联网的模型，PRAPA这五个字母代表了一个桌面互联网产品的五个步骤，分别是：

P——Promotion，代表用户推广，包含用户推广数量以及获取成本

R——Register，代表注册用户的概念

A——Active，代表活跃用户，即会持续使用该产品的用户

P——Pay，付费用户，指的是会为对应产品付费的用户

A——ARPU（Average Revenue per User），指的是平均每个用户为产品所付出的费用，也就是单位用户的收益

以前我对做一个产品的理解还是一团糨糊，听这位基金合伙人讲完之后，我觉得逻辑无比清晰，回去就给团队上了一课，分享了这个厉害的模型，团队小伙伴也听得津津有味，把崇拜都转向了我。

过了两年，我有一次参加了中关村创业大街的一场讲座。当时社交媒体如日中天，微信、微博等产品特别特别火，然后我听到一个产品大神做分享，他说，PRAPA模型已经过时了！他说，现在我们做产品运营，应该走另外一个模型叫AARRR，因为相比PRAPA模型，这个模型后面有裂变，特别特别厉害，可以让你的核心用户不断为你带来曝光。

AARRR模型也代表了五个步骤：

A——Acquisition，用户获取

A——Activation，用户激活

R——Retention，用户留存

R——Revenue，用户收入

R——Referral，用户的自发推荐传播

如果对照PRAPA模型会发现，前面四项基本上没有区别，第四项R可以等同于PRAPA模型中付费用户数乘以单位用户收益。真正的区别在第五项，这一项也是AARRR模型的关键所在——在社交网络最兴盛的时候，很多产品比如极光单词、潘多拉英语、薄荷阅读都是靠微信或者微博上的"病毒"式传播才起来的。

这个模型也成为当时的行业主流运营模型。而且它还有个非常有意思的名字叫"海盗指标"，是一个来自硅谷的大神提出来的。我还记得听完这次产品大神的分享后，我的认知再次得到刷新，回头就跟团队研究，怎么样做一个用户不断裂变的产品。也是这次的灵感契机，让我们决定把用户的裂变放在第一位，做出了潘多拉英语、极光单词等打卡裂变的产品。

这个市场上也有很多其他现象级的互联网产品，尤其是拍照类的有一大堆。"脸萌"（Face U）还记得吗？"魔漫相机"还记得吗？"足记"还记得吗？但是，它们火了一把就消失了，无一例外。

这个模型也有问题，于是第三个模型要来了。

2018年的时候，我发现裂变并不是最重要的，因为裂变只是一时的狂欢。这时，我在朋友圈偶然看到一篇新的文章，讲AARRR已是过去式，而RARRA才是更好的增长黑客模型。当时我沉默了，突然感觉互联网这些大神都不靠谱啊，信仰怎么老是变化呢？

看完这篇文章，我接触到了运营的第三个模型——RARRA模型。

R——Retention，用户留存

A——Activation，用户激活

R——Referral，用户的自发推荐传播

R——Revenue，用户收入

A——Acquisition，用户获取

这个模型跟前面两个模型有本质的区别。一开始并不是推广、用户获取，而是用户留存（Retention），即为用户提供价值，让用户留下来；其次才是用户激活（Activation），确保新用户在首次启动时看到你的产品价值；然后是用户推荐（Referral）；第四步是商业变现（Revenue）；而最后一步才是用户拉新（Acquisition）。

在这个模型中，更鼓励通过老用户带来新用户。**在这个模型中最最重要的不是拉新或者最后的裂变，而是留存，留存率大于一切。**

这篇文章的核心观点，**留存率才是商业模式的核心，而不是用户获取能力或者用户裂变的能力。**很多产品火爆一时，但是留存率很差，就会如烟花一般烟消云散。

现在回过头来看，也的确如这篇文章所说，魔漫相机、足记、围住神经猫等产品都在朋友圈消失了。

从PRAPA到AARRR再到RARRA，三个模型的变化也代表不同趋势下商业模式的变化。同时，你思考一个问题：为什么2018年私域这个概念突然开始爆火？

我认为，这是因为做私域把客户加到微信号并精细化运营这个理念，极强地符合了RARRA模型的理念——留存率是一切。因为当你把一个客户加到App里面，客户换一台手机，或者突然没有习惯打开了，你就跟客户失去了联系，而如果你加到微信当中，加到用户每天几乎都要打开的一款App，把客户当成朋友来对待，你们的关系可以持续1年、3年甚至10年，这就是"私域"思维的恐怖之处。留存率就是一切。

前面我在加微力当中不断强调，要把客户加到微信，要用真人IP跟客户做朋友，也都是应了第三个模型的核心理念——留存率是一切。有了第一个R——留存率，你才能做后面的长期商业变现，同时在拉新能力上也就更有优势，才能更好地建立长远而忠诚的客户关系，这就是现在在新阶段背景下，我们为什么要把流量沉淀在微信作为运营的起点。

认知二：私域场景下的运营，一切都是为了成交！

我认为，在私域场景做运营，一切都是为了成交。为了成交更多的客户，为了有更长时间可以持续成交客户，为了让客户主动帮我们成交客户，总之，一切都是为了成交，为了长远而忠诚的客户关系。

我在文中曾多次提到，私域是一项极其复杂的工程，耗时耗力，需要成本来维持。

本章所讲的运营力其实就是成交能力和精细化运营客户能力的乘积——一个负责售前，把潜在客户变为成交客户；另一个负责支持售前，并做好产品的交付，让付费的客户持续满意，持续复购，持续带来裂变和转介绍。

认知三：私域成交四步法

私域成交四步法，即"钩子加微信，发圈建信任，活动造势能，私聊促成交"——这是我提炼出来的一句口诀。不仅包含运营力的部分，还有加微力，以及内容力等，是我们如何做私域，以及做私域成交的一个简单版本的闭环描述。

钩子加微信。这一点在前面的加微力部分已经讲得很细了。

发圈建信任。这其实是做私域的一大特色，现在应该没有什么产品能够做到像朋友圈一样的好友打开率，公众号不如它，微信群可能也不如朋友圈。我在内容力的部分也讲到，做私域，发圈代表的短图文能力是最核心的一种能力。不要说朋友圈现在没人看，张小龙给的数据是这样的：2021年1月每天还有7.8亿人在刷朋友圈。也就是只要你发圈，就有机会触达70%左右的好友，一定要发圈来逐步建立信任。

活动造势能。这里的活动包括三种。第一种是社群活动；第二种是直播活动；第三种是促销活动，如新品上市、截止售卖、限时限量等。社群和直播属于在微信私域做活动的一种，把用户组织起来介绍产品、解答问题等，才能进行转化。做促销活动更是成交极其重要的要素，你每次去理发店有没有发现，理发小哥都会说我们店最近在做活动。这三种活动都可以把势能造出来，形成批量成交。

私聊促成交。私聊更是成交利器。当很多用户还在观望时，一对一的私聊是用户下单的临门一脚。

以我自己为例，我打造的私域创富圈有不少会员，很多都是我参加线下活动吸引的观众，我通过钩子，也就是干货资料，把大家加到我的个人微信，然后持续发圈，建立起大家对我的信任，并通过创富圈的首发、截止、直播等活动，造出很强的势能让大家直接下单，或者跟大家私聊来促单。

这就是我亲身演绎的成交四步法。后面我们对不同场景如何做成交，会有更详细的介绍。

"私域成交四步法"也是我所总结的"私域的12345"中的第四句，这五句话能帮助大家快速理解私域。再来回顾一下这五句话，分别是：

1. 私域第一性原理：长远而忠诚的客户关系

2. 私域两大阵地：个人微信和企业微信

3. 私域内容三要素：真实真诚，持续产出，干湿结合

4. 私域成交四步法：钩子加微信，发圈建信任，活动造势能，私聊促成交

5. 私域五力模型：IP力、加微力、内容力、产品力、运营力

认知四：销售思维完全体——AIDTDA"爱嘀嗒"成交六要素

不管是在私域还是在其他任何场景做销售，本质上，所有的表达和沟通其实就是回答每个潜在客户没有提出但都会心里嘀咕的三个问题，也就是**销售灵魂**三问：

我为什么要买？

我为什么要买你的？

我为什么现在就要买？

为了回答这三个问题，我琢磨了"爱嘀嗒"成交六要素。这个模型是从一个更简单的模型演化而来，叫"爱达公式"（AIDA），由著名推销专家海因兹·戈德曼在1898年提出的一个推销公式。

"爱达公式"提出的时候，生产力不高，需求大于供给。而到了现代社会，在商品和品牌供给严重过剩的背景下，我认为还有另外两个要素也很重要，所以加了两点，提出了一个新模型：爱嘀嗒成交六要素（AIDTDA），它们分别是：

A——Attention，吸引潜在客户的注意

I——Interest，引起客户的兴趣

D——Desire，激发客户的需求欲望

T——Trust，赢得客户的信任

D——Dissent，解答客户的异议

A——Action，引导客户的付费动作

前三步是解答客户"我为什么要买"的问题，也就是客户为什么有这个需求。第四和第五步是解答客户"我为什么要买你的"的问题，也就是我这个产品为什么可以满足你的需求。最后一步是回答"我为什么现在就要买"的问题，目标直指交易达成，也就是：成交！

在上文的内容力长图文的能力模块里，我讲的销售思维，其中的四个步骤其实是一个简化版。"一发入魂"的标题其实是吸引客户的注意，激发客户的购买欲，与D——Desire相关；介绍产品并赢得客户信任，就是T——Trust，最后引导立即下单，对应A——Action。

AIDTDA模型相比长图文多了两个要素。一个是引起客户的兴趣，这个其实可以通过朋友圈来营造，后面会讲到。另一个是解答客户的异议，这一点可以在直播、社群以及私聊场景来搞定。

我再拿一个私域创富圈会员的成交场景——恒星万字公开课来举例。

A——Attention——我要开一次公开课，邀请到了抖音顶流卢战卡老师。

I——Interest——这次公开课的课程大纲如图，战卡老师准备得非常用心，提前写了1万字的逐字稿。

D——Desire——直播期间，我说想要听全部的公开课内容，或者看公开课回放（激发客户需求），跟着厂长一起学习做私域的话，可以入手我们的私域创富圈会员。

T——Trust——我介绍自己的经历，战卡老师在直播间强力为厂长背书。战卡老师的公开课内容极其精彩，而在私域创富圈有很多的公开课回放，一定会让大家收获满满。

D——Dissent——有些人会问会员有效期多久，有些人想知道会员还有什么权益，我和小助理直接在直播间进行解答。

A——Action——那一次直播战卡老师还特地提供了额外的下单小福利。并且说明仅在直播间下单才有效，增强下单的稀缺感和紧迫感，引导观众下单。

这就是运用成交六要素做的一次销售动作。后面，我会再次提到AIDTDA成交六要素，因为这是非常核心的一整套销售闭环，不论是在私域，还是在线下、电话、一对一、会销等各种场景，都是特别核心的销售逻辑。掌握好这个销售底层思维，你的变现会一发不可收。

认知五：超级说服公式FABG

这个说服公式，其实是对上一个认知"爱嘀嗒成交六要素"的补充。在其中的第四和第五个要素，也就是介绍产品或者优势来赢得信任，或者解答用户的异议时，我们可以使用这个技巧。

这里会涉及不少方法论，都是我们做销售的核心，掌握了这两个技巧，相信你会受益匪浅。

FABG是以下四个字母的缩写：

F——Feature，这个产品有什么特点

A——Advantage，这个特点对应什么优势

B——Benefit，具体对客户而言，有什么价值或者好处

G——Grabber，反问客户并引导后续动作，特别是下单

我以我自己在卖会员时的亲身经历为例。有人会问："这个会员的圈子有什么意义？"我提前了解到，对方没有小团队，只是一个人，做自己的抖音账号小有起色，于是我是这么来说服对方的：

F——Feature——我们私域创富圈会员都是对私域感兴趣的小伙伴，大部分都是KOL、操盘手和企业高管。

A——Advantage——加入私域创富圈，你有机会接触到几千名同频共振的小

伙伴，他们都对私域感兴趣，而且在持续不断学习如何做私域。

B——Benefit——这其中就可能会有你想要的操盘手，或者你通过他们的朋友找到一位操盘手。

G——Grabber——除此之外还有一大堆的权益。我们的价格如此便宜，你还不赶紧下单吗？

这就是解答客户异议的一个例子。然后客户可能又有一个异议，我又用FABG来解答，如此循环往复，直到说服客户下单为止。

在真实情境下，AIDTDA成交六要素和FABG说服公式的运用要复杂得多。一场直播销售可能是大量的AIDTDA六要素和FABG说服公式的合集，但是当我们把底层拆解，这就是最小的销售单元和底层逻辑。

我们学东西一定要从底层开始学起，理解、记住这些方法，在实战中不断训练，形成自己的肌肉记忆。

技能的本质就是肌肉记忆。

认知六：运营力冰山模型：四系统+四体系

运营力冰山模型，这是我给私域运营系统起的一个形象的名字。请看下面这张图，里面有一座冰山：

运营力一共分为八大系统。其中四个是成交系统，属于外界看得到我们的部分，分别是朋友圈成交、社群成交、直播成交和私聊成交系统。另外四个是精细化运营体系，属于外界无法观测到，但是对于做运营成交无比重要的四个体系，分别是功能账号、客户标签、账号资产和私域团队精细化运营体系。

我们看别人做私域资产，想要知道是如何做成交的，只需要用一个账户跑一遍流程就可以了，这属于冰山上的部分。但是冰山下的四个体系，除非我们过去应聘，或者有内部交流，一般是很难了解学习到的，而这四个体系，对成交客户和做付费客户的精细化管理来说，都无比重要。

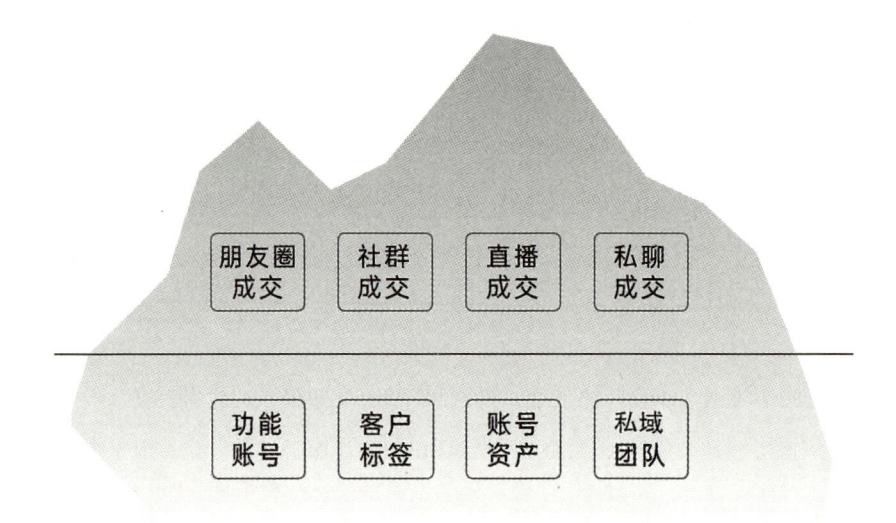

```
         朋友圈   社群   直播   私聊
          成交    成交   成交   成交

          功能    客户   账号   私域
          账号    标签   资产   团队
```

我称之为"4+4"冰山模型。四个在冰面上的成交运营系统和四个在冰面下的精细化运营体系，构成了一个团队的运营力。

简而言之，运营力分为两类：一类是成交运营系统，有四个，分别对应了私域的四个场景；一类是精细化运营体系，也有四个，用来支持私域的成交和付费用户的精细化运营。后面我会按照这个结构，来讲运营力的各大系统分别是什么，合在一起是如何运作的。

私域四大成交运营系统

互联网重塑了当代商品社会中"人、货、场"的关系。这里的"货"也包括虚拟商品和服务。

互联网使得现在的商品交易，从以前的"人找货"，逐步过渡到"货找人"，不变的人和货以及不断变化的"场"。

私域的力量也在逐渐改变人们的消费习惯。以前我只会在淘宝买，现在有不少东西，我都会在微信场景下单，特别是教育类的虚拟产品。

今天讲的四大成交运营系统，就是私域的不同成交场景，都是人和货，但是需要结合不同的"场"，采取不同的成交策略。

在开始讲四大成交运营系统之前，我们先回顾一下前面讲到的销售三大问和两个成交方法论。

销售的本质就是解答潜在客户的三大问：我为什么要买？我为什么要买你的？我为什么现在就要买？

而解答这个问题，我们有两个武器。一个是大武器——爱嘀嗒成交六要素（AIDTDA），一个是大武器闭环当中的小武器——FABG超级说服公式。

不管是线上、线下，不管是一对一、一对多，不管是实物商品还是虚拟商品，当我们能够：

A——吸引客户注意力

I/D——激发起客户兴趣，唤醒客户需求和强烈的购买欲

T——提供产品并赢得客户信任

D——解答完客户的所有问题

A——通过制造紧迫和稀缺感，让客户立即下单

我们就完成了一次销售。

哪怕是你在理发时，小哥跟你套近乎，问你是不是住在附近，打听你是不是会员，给你建议要不要烫个头，如果要烫个头那就办个卡吧，最近门店有活动充1000元返500元，过了今天就没有了……他们其实也是在运用这个原则来做销售。

这三个问题，本质上是人们付费的底层逻辑，不会因为场景的变化而变化，但是不同场景下，我们可以结合场景的特点，实现更高效、更低成本和更长期的转

化。这也是在微信做私域的本质，基础设施变化带来客户关系管理的革新。

那么在不同的场景下，应该怎么来做成交运营呢？我们一个个来讲。

首先是朋友圈成交系统。

朋友圈成交系统

在前面的短图文内容能力中，我说到了如何发朋友圈，总结了关于短图文内容的十条心得。应用那十条心得运营朋友圈，你会是一个有关注度、有存在感的鲜活朋友，能做到这点其实很难得。

更进一步，站在运营成交的角度来看，你需要更好地规划自己发朋友圈的内容和节奏，从而实现更好的转化和成交。

回到AIDTDA模型，讲一讲朋友圈这个"场"的特点，以及从转化的角度来讲我们应该如何来发圈。

朋友圈的场景因为非常短，所以非常不适合大段描述产品功能和产品介绍，否则会显得广告非常"硬"。

另外，朋友圈的IP属性很强，记录的都是非常碎片化的内容。一些不适合在社群发的内容，没必要开直播讲的内容，还有群发私聊会打扰大家的内容，就特别适合在朋友圈的场景来讲。

所以朋友圈特别适合来做AIDTDA成交模型中这样一些动作，从而带来大量的成交，它们分别是：

- 发布干货认知，建立专业性
- 建立重承诺人设，营造可靠性
- 发布IP生活日常，建立亲密度
- 营造紧迫感和稀缺感，引导下单

我有三种朋友圈发布状态，分别是：

1. 成交节点型
2. 日常销售型
3. 关系维系型

这三种类型分别对应不同的三种销售状态。成交节点型的销售状态最强，日常销售型次之，而关系维系型顾名思义，并不以销售为目的，而是维护好客户关系。

接下来，我们分别讲一讲这三种类型。

第一种，成交节点型朋友圈。

当我们处于一个成交节点时，比如新产品开售、双十一促销，或者某产品特价截止即将涨价等，这种销售节点是极其容易带来购买的。

在私域场景中，应该牢牢抓住这种销售节点，仔细规划好自己的朋友圈。下面，我以自己做私域创富圈的上线举例，跟你讲讲我是如何在成交节点时规划自己的朋友圈的。我梳理了做创始会员招募时在朋友圈的一些主要动作。

提前两个月：产品意向调查。

发售日的两个月前，我发布了一条朋友圈，说自己想做××产品，看看大家是否感兴趣，感兴趣的可以点个赞。结果引来一众点赞。顺带预告自己的下一步动作。

提前一个月：宣布个人IP新定位。

发售日的一个月前，我发布一条朋友圈，说了自己的新定位——专注打造企业私域资产。

提前10天：剧透自己准备内容的进度。

从发售日的第10天前开始，每隔一天就"剧透"自己为新产品做的那些准备，并且提供真实的截图。

提前7天：继续同步筹备进展。

每次跟相关的人聊天见面，都拍合影发圈，介绍对方，并在朋友圈提及自己想做的事情，持续预热。在那一个月，我见到人都会合影，并且提及自己做的私域创富圈，持续同步和影响。

提前5天：找大咖站台并同步朋友圈。

我开始列名单私聊大咖，获得他们的支持。得到允许后，我把他们的相关信息发布在朋友圈来造势和预热，后来一直到产品发布后的1个月内，我都在持续做这件事情，发布了20拨"大咖站台"的朋友圈。同时，我跟大咖提前约定，活动当天帮我转发朋友圈站台。

提前3天：每天发布倒计时海报。

发售日前3天，我每天都发布五六条朋友圈，并且每个朋友圈都带上倒计时海报。这样持续不断在朋友圈做预热，一直持续到发售日前1天。

发售日当天：转发长图文并持续同步销售数字。

在发售日当天，我发布了一篇此前精心准备的长图文来做转化。我建议你在重大节点，都在朋友圈结合销售长图文来进行转化，比如写一封公开信然后转发，并且要提前找到大咖转发站台。我的那封公开信就找了100多位大咖，这会是非常好的一种朋友圈成交方式。很多人也在当天被这篇文章刷屏，进而点开阅读，并下单。

我们团队还拍了很多照片来打气，并且持续把付费情况做成战报，在朋友圈进行同步。当天我发了15条朋友圈，每条内容都获得了很多的点赞，把广告做成了高质量的内容。

发售日过后1周：持续转发战报、大咖站台以及日常朋友圈消息。

发售24小时，私域创富圈获得了约100万元的销售额，有约1000人成为会员。发售日过后的那一周，我在朋友圈持续同步销售数字、学员好评，并且不断转发大咖站台的朋友圈和自身心得感悟，转发感谢的朋友圈和日常见人、与人协作的朋友圈，持续为私域创富圈做宣传。

这里我只是拿自己举个例子。我认为，在成交节点来做朋友圈销售，其核心要义就是要敢发圈，敢把自己的想法同步出来。

不管做的结果好还是不好，当别人看到你为一件事情付出和努力，其实你就能够获得很多的支持，特别是当你用心在准备时，更是如此。要在朋友圈多同步自己的想法，创造仪式感，不断烘托发售日和截止售卖日，这样就能让客户在你朋友圈所营造的氛围中成交、转化。

另外你要始终记住，你发一条朋友圈，有20%~30%的好友能够刷到。这个比例虽然不高，但是已经相当不错了。如果你要为一个节点来宣传，那么你至少要发10条朋友圈，来让你大部分朋友知道。

在活动当天和前后几天，要密集发圈。比如我在发售日当天发了15条朋友圈。此外我会挑选活跃度高的时间来发布，比如说早上8点左右、中午12点、晚上6点，还有晚上9点30分左右。这都是朋友圈的活跃高峰期，重要的内容可以在这些时间发布，提升朋友圈的触达效果。

我做私域创富圈时发布的这种成交节点型的朋友圈，都会花很多的精力来提前准备和运营。并且，我会跟团队一起做提前规划，你可以参考借鉴，并结合自身的安排进行调整优化。

成交节点型朋友圈的特点，就是结合销售节点，不断烘托某个时间的仪式感、重要性，把紧迫、稀缺推到高潮和极致。日常的朋友圈则主要是建立信任，回答"为什么要买"和"为什么要买我的"这两个问题；而销售节点会更侧重第三个，也就是"为什么现在就要买"。接下来我们讲一讲，日常销售型朋友圈应该如何来打造。

第二种，日常销售型朋友圈。

刚刚讲的是成交节点，接下来讲一讲日常销售型朋友圈。也就是当你有了产品之后应该如何打造你的朋友圈。相比成交节点，日常我们更侧重回答"为什么要买"和"为什么要买你的产品"这两个问题。

我们再回到AIDTDA成交六要素：

A——Attention，吸引潜在客户的注意

I——Interest，引起客户的兴趣

D——Desire，激发客户的需求欲望

T——Trust，赢得客户的信任

D——Dissent，解答客户的异议

A——Action，引导客户的付费动作

前面的5个要素都比较重要。但一般来说，加到你微信里并且每天看你朋友圈还不屏蔽，都是相对比较精准的潜在客户。那么针对他们，我们核心要做的事情就是建立信任，建立客户对IP的信任，以及对IP所代表的产品的信任。这也是为什么我们的成交四步法当中有一步是"发圈建信任"。

在这里，我给你推荐一个超级厉害的工具，叫麦肯锡信任公式：

$$信任=（资质能力×可靠性×亲密度）/自我取向$$

看到这里，有没有感觉这个世界怎么那么多方法论，我之前怎么都不知道。

是的，其实你关心的大多数问题早就有人总结整理过了，甚至几十年前就形成科学的体系。我们越早学会这些体系，其实就能够越少地走弯路。你看，数学、物理等自然科学当中各种定律其实更多，我们没有必要自己去研究一遍，在巨人的肩膀上，我们能够看得更远。

麦肯锡的信任公式很好理解。资质能力、可靠性、亲密度这三个是分子，越大越好；自我取向是分母，越小越好。

所谓资质能力，就是你的履历经验、专业度。比如我在7年时间做了3000万私域，从贸大校友汇到思享空间，然后到轻课、极光单词、潘多拉英语、趣课多、清新冥想等，都是我的资质能力体现。这些经验和硬技能也是我的壁垒，不是谁都可以轻易得到，背后是大量长期的沉淀和专业能力的训练。

可靠性，简单而言就是靠谱程度。之前我们讲到，做内容要持续产出，里面用了罗永浩的每天1分钟语音的例子。这件事虽然小，但是可以很好地看出一个人是否靠谱，对于一件事情是否善于坚持。我曾听到一个很刺激我的句子，是一位大神说的，叫"不要借钱给那些爱迟到的人"，这其实就是可靠性对信任的影响。

第三个分子是亲密度，也就是你们的关系近不近。这一点是我们要做私域的原因，因为私域可以让潜在客户离你很近，微信互为好友，朋友圈相互点赞。另外，内容三要素中的真实真诚，就是为了提升亲密度；干湿结合中的湿货也可以提升亲密度。

内容三要素"持续产出""真实真诚""干湿结合"，其实都是为了更好地建立信任。

最后一个要点是自我取向。说大白话，就是你是不是凡事并不以自我为中心，而是有利他之心。比如，有了成果，不会都归结在自己头上；再比如，朋友圈的内容能够呈现利他之心。当我们不去太过强调自己，反倒会给人留下好的感觉。要记住，最高级的"凡尔赛"，是不会让人感觉到"凡尔赛"。

说完了信任公式，再讲一讲具体运用。限于篇幅，这里我将阐述主要的脉络。
在资质能力方面，我们要做的可以有这些：

1. 多输出行业洞察。这也是干湿结合的干货部分。

2. 多分享行业新闻。行业有最新动态，要多分享，体现专业性。

3. 多分享高光时刻。我出去演讲获奖之类的，都会晒出来。

4. 多分享最新的交谈思考。我跟一个人聊完之后，会把一些信息脱敏然后整理，输出发圈。

5. 多与行业大咖合影发圈。朋友标签很重要，别人眼中你是谁，取决于你的朋友是谁。

6. 晒成单截图。这种成单截图发圈特别容易带来转化，因为既能够塑造资质能力,又能体现靠谱。

在可靠性方面,我们要:

1. 记录敬业时刻。自己加班、团队加班、没时间回复消息等。

2. 同步一些坚持的小习惯。坚持锻炼、坚持阅读,这些可以记录下来,每天都发或者每周固定一个频率,成为你身上的一个坚持的成就和标签。比如我日更视频号100天。

3. 多发客户好评截图。通过别人的信任来衬托自己的可靠,赢得更多人的信任。

4. 多发体现正向价值观的内容。价值观很容易带来认同和信任,不以营利为第一目的,帮助弱势群体,对价值观不正的人拒绝服务,等等。这些能够带来更多的价值观认同。

在亲密度方面,我们要:

1. 展示自己的生活。深夜吃串、日常美食、家庭聚会等。

2. 制造朋友圈互动。比如发起一个点赞送红包的活动。

3. 主动寻求帮助。比如在万能的朋友圈发圈,说你要找人。有机会可以搜索了解一下富兰克林效应。

4. 偶尔发一些段子或自黑。这种特别容易吸粉,尤其是自黑的内容。

5. 主动袒露心声。在自己难过、受伤的时候,可以主动示弱,主动表示不解,拉近亲密度。

6. 经常跟别人点赞互动。这一点我在前面讲过,属于朋友圈的礼尚往来。

接下来是第三种朋友圈——关系维系型朋友圈。

这种类型的朋友圈主要是维系关系,而不以转化为目标。我在本书前面内容力的部分，分享做好短图文内容的10条心得中，都已经讲得比较细致，这里不再重复。

社群成交系统

朋友圈特别适合来做AIDTDA成交模型中"发布干货认知来建立专业性""建立重承诺人设营造可靠性""发布IP生活日常建立亲密度""营造紧迫和稀缺引导下单"等动作，日常建立信任，在成交节点来促单转化，从而带来大量的成交。

接下来是社群成交系统。

再次回顾——我们做成交，本质上就是要回答潜在客户的三个问题：我为什么要买？我为什么要买你的？我为什么现在就要买？

而我的回答就是AIDTDA成交六要素，并结合FABG说服公式。而不同场景之下，我们要充分结合该场景的特点和工具来做成交系统。

接下来，我讲一讲社群相比其他场景有哪些特点，怎么结合这些特点把AIDTDA成交六要素发挥到极致，带来规模化成交。

第一个特点——用户精准。感兴趣的人才会加入社群，同时只要粉丝精准，群内运营妥当，那么社群其实可以做很强的销售转化。

群成员普遍都有一种"做客"的心理，并且只要销售内容跟最开始的主题匹配，群成员就能够接受群内的强效转氛围，并且被氛围带动。哪怕看不下去，一般也就默默退群，不会吐槽或者砸场子，当然黑粉或者竞争对手除外。

第二个特点——互动参与。群成员都是真实的个体，大家容易被相互带动，并且有的时候还会围观群内互动甚至参与其中，类比线下会销的场景，在我们这一行还有一句黑话，叫：微信会销。如果运营精细，还会让一个百人微信大群进一步组成小群来转化，或在群里发很多红包来刺激大家。这就是朋友圈场景不具备的互动性和参与感。

第三个特点——从众效应。成交是需要氛围的，更需要一个个来带动，社群的场景有的时候比私聊还要更加能够带动人，就是因为社群有羊群效应，或者说从众心理。大家会觉得谁谁也买了，进而带动更多的人成交。

结合以上三个特点和AIDTDA成交六要素，我整理了快闪群成交七步，分为三个阶段，盘一盘如何利用社群把销售做到极致。

第一阶段：售前造势蓄势。这个阶段有两个步骤。

第一步，多场景造势。这一点就是AIDTDA成交六要素当中的前两步，吸引注意力和引发兴趣，在朋友圈、其他微信群、线下等场景，不断为销售活动造势。这一步非常重要，把大家的期待感营造出来，非常有利于成交。

第二步，快闪群蓄势。这里推荐使用快闪群，一方面减轻成员的加入压力，另外一方面也减轻品牌的运营成本。

社群是一个非常好的储存意向客户的载体，前期造势的过程中，一定要有意识把所有意向购买客户都引导到群内。

另外，在销售活动前，一定要注意维持好群内的氛围，最佳方案就是禁言，只刷官方的通告，但切记不要刷得太频繁。

第二阶段：售中引爆成交。这里有四步，每个步骤都有一些小技巧。

第三步，红包/福利引导活跃。一般而言，不管是实物商品还是虚拟商品，如课程、付费社群等，用户进群表示用户有需求，但是在下单前都需要充分了解产品。你一定要意识到，大家现在每个人手机里都有不少群，每个人都很忙，这个时候你可以通过红包或者干货、实物等小福利，来引导群内的持续活跃，让大家尽可能了解产品或者体验课程，从而进一步完成AIDTDA的中间那几步。

第四步，招募氛围组制造氛围。这一步大家应该都懂，星巴克都有氛围组，一个好的社群成交案例，一定要懂得如何来招募和管理氛围组，这里就不多写了，大家一定可以八仙过海各显神通。

第五步，接龙大法引导下单。完成前面四步之后，我们就需要做AIDTDA的最后一步，立刻引导行动了。在社群的场景中，有一个特别厉害的撒手锏，叫"接龙"。每次接龙，不管是团购报名接龙，还是付款订单的接龙，都可以让社群的人相互影响，把氛围推到极致，进而带来更多的订单。

接龙的引导很重要，多少人接龙有红包，多少人接龙有额外福利，这些都是看起来不起眼但非常有效的小技巧。

第六步，库存有限/倒计时逼单。这一步其实跟第五步是可以并列使用的，回答的是销售三大问的最后一问："我为什么现在就要买？"

限时、限量、特价、福利，都是逼单非常好的办法。有一个付费社群特别狠，一年搞一次活动，活动当天每500人购买就涨价100元。这种活动可以结合社群操作，比如在社群中不断播报，还剩多少单就要涨价，或者还有几小时就要涨价，然后群里一张又一张的购买截图贴出来，对转化非常有帮助。

前面这两个阶段就是主要的社群成交了，接下来是售后——**第三阶段：售后好评传播**。这是最后一个步骤。

第七步，处理售后事宜。这里我们要做好产品交付，并且鼓励更多的好评，让付费用户带来更多的口碑介绍。这更多地属于产品交付的环节，这里就不做过多介绍了。

另外，一开始说到这是快闪群。对于已完成了成交活动的群，我有两个建议。**第一个是直接解散**，然后在解散前还可以引导到下一期促销，或者加对应的个人号、公众号等。**另外一个做法，是做成禁言群或通知群**，在群内同步付费用户的好评，或者后续活动的安排。

总之，切忌让本群持续活跃，因为会增加很多的管理成本，而且缺乏精心运营，最后一定会沦落为一个广告群，降低品牌在客户心里的形象。

以上就是社群成交的三个阶段和七个步骤。

其实除了快闪类型，带活动的成交群还有很多不同类型。比如纯通知群，类似完美日记的社群，把所有好友都拉进群，这类群只要有新产品、新活动都往群里发，粉丝有问题就在群里解答。这种群也可以，但是成交的势能和结果可能不如快闪群那么强。

另外对于虚拟产品，还会有会员群、核心会员群、私董会群，这些其实属于产品履约交付的一部分，我就不做过多介绍了。

直播成交系统

讲完了以快闪群为主打的社群成交系统，我们讲私域的第三个场景——直播成交系统。

在内容力中讲到直播能力时，我专门讲了如何做私域的直播成交，分享了11条心得，这里我们从成交的角度再增加几条心得。

直播间的特点是多维度感官刺激，一共包含四个维度：文字、声音、画面和实时互动。注意，这里是强实时互动。特别是现在的视频号直播间还提供了丰富的工具来做一场炸裂的直播，既有小商店可以直接带，还有打榜、点赞、评论、连麦等功能，丰富我们直播间的玩法和手段。

所以，相比社群、朋友圈，直播是一场视听和互动的盛宴，也是能够快速产生规模化成交的重要场景！

以成交为目的来运营一场私域直播，底层逻辑跟社群、朋友圈成交一样，也是AIDTDA成交六要素。

事先的大规模宣传造势，引起注意力（A）和激发兴趣（I），借助直播微信群、视频号的直播预约功能等来蓄势；在直播期间，主播的状态要调整到最好，通过提前准备好的话术（FABG）来激发购买欲望（D），介绍产品并赢得潜在客户的信任（T）；最后通过限时特价、限量、赠送额外福利等方式，来快速引导下单（A）。

每一次我做直播，不管是我自己的单口干货直播，还是邀请嘉宾来做恒星万字公开课，本质上都是不断地把AIDTDA进行重复。只不过更多时候我是以干货为主，销售属性不是那么强。

关于私域直播间成交，这里我给三个小建议。

第一，直播间话术，一定需要提前准备，反复打磨、反复背诵，最后形成肌肉记忆。以成交为目的来做销售没有其他的捷径，就是提前确定结构，写好逐字稿，然后不断背诵，现场信手拈来。

第二，直播间的装修需要用心。特别是卖货的直播间，直播相比社群和朋友圈，最大的优势就是占满整个屏幕，还有声音的不断刺激。

第三，就是通过直播来做成交。促销活动是必不可少的一环，稀缺感、紧迫感是主播最好的促单话术，这是解决"我为什么现在就要买"的最好解法。

私聊成交系统

最后来讲私域的最后一个成交场景：私聊成交系统。

私聊的这个场景其实没有社群、直播那么多工具或者玩法，但是拥有着极为不同的一个特点：一对一。

一对一意味着，你所能给对方带来的兴趣、注意力是极高的，你能够结合对方的朋友圈内容的标签，包括他的头像、性别、城市，来采用具有针对性的话术。

因为没有其他的工具，所以私聊成交系统的核心就是话术，具体来说，对于不同场景、不同属性的顾客，一定有一个最优回答话术来触达成交。

于是在私聊的场景中，我们可以把销售的灵魂三问做如下的对应：

我为什么要买——客户是谁，有什么标签？

我为什么要买你的——你的产品解决了这个客户的哪些需求？

我为什么现在就要买——对方还有什么异议，导致没买？

下面三个问题，就是私聊场景中，我们需要针对性解决并引导下单的问题。

第一个问题：客户是谁，有什么标签？ 这里我不做过多展开，随后我们会讲到客户标签精细化管理系统，也就是我们如何给客户打标签。这其实是做精细化运营的重要步骤，更是我们可以提供最优销售话术的前提。

如果是高客单价产品，那么还需要仔细查看客户的朋友圈和你跟他过往所有的聊天记录，来对客户加深了解，并针对性地做回答。

第二个问题：你的产品解决了这个客户的哪些需求？ 这里就靠聊天了。在私聊的场景中，你发大段的内容或者文章过去，客户一定是不会看的，也会觉得厌烦。

在这种情况下，你需要做的是不断挖掘客户个性化的需求。比如在创富圈会员销售的场景，有位学员刚开始做私域，我在一对一私聊当中就会更侧重如何定位、如何做商业模式，跟他说我们课程中有解决方案。有位学员有家门店不知道如何做私域，那么我就会说，我们必修课专门有一节会讲这个，而且私房课还会邀请门店私域大咖来分享。有位学员是IP想找操盘手，我会说我们有个社群，里面有很多操盘手，还会有很多活动让大家相互认识。

以上三位学员都是我在私聊的场景中成交的，而且私聊的成交概率非常高。

最后一个问题：对方还有什么异议，导致没买？ 这个问题就是针对客户的异议如何回答，特别是高客单产品。

潜在客户可能会有很多问题。比如："你们这个太贵了。"或者："你们和别家有什么不一样？""怎么保证有效果？""我还没想清楚要不要买。""我已经买过×××家的了。""我考虑考虑，明天再买。"……

听完是不是很沮丧？但这都是销售经常会遇到的问题，其实都是可以通过话术来回答的。这里我就拿其中一个问题来举例回答——"我考虑考虑"。

当客户说出这句话的时候，其实有三个可能的顾虑：一、他没需求，购买欲不强，可能不是目标客户；二、他对你信任还不够；三、没有一个可以让他现在下单的理由。

那么怎么应对呢？有三种话术，你可以参考。

第一种，叫"我有一个朋友……"，分享一个你客户的故事。其他人在遇到和客户相同的情况时，也是犹豫了一下没买，结果错过了什么样的机会，导致损失。比如我曾说过，我有个朋友也是当时想自己来做私域，结果就因为虚拟资产没有做好管理，员工离职带走百万市场费用沉淀的账号，公司损失数百万元。

第二种，叫"他适合，但不确定你是否适合"。不知道你有没有这种感觉，就是当你知道对方是销售时，你会产生很强的戒备心理，就是会觉得对方不论说啥，都是为了让你买单。

这时我们可以欲擒故纵，说另外一个人适合，但是对方不适合。一下子把对方激发起来。对方一定会反问："我为什么不适合？"这个时候，你就有了更多的空间，不至于无法继续对话。

第三种，叫"我认输了，你说说为啥不买吧"。没有人喜欢被打败的感觉，特别是对强势型的客户，对方觉得你要让我掏钱，我就掏钱，面子上有点过意不去。这时候可以换一个语气，说不买也没关系，交个朋友，表面认输，也给对方一个台阶下，然后找机会问对方为什么不买，来挖掘客户真实的顾虑，再针对性地解决客户的顾虑，最终让客户下单。

这就是话术策略的重要性，感觉打通了任督二脉？这只是对一个问题的回答，其实每个客户的异议或者顾虑，都有对应解决的策略。我曾经接触过国内一家数千人的教育公司，他们内部培训销售的话术非常详尽，不同的客户在成单不同的步骤都有不同的话术。

你可能现在刚刚起步，或者团队已经有了一定的规模，相信我，做私聊成交，话术是最为核心的。

以上就是私聊成交的要义。

至此，私域四大成交运营系统就总结完了，即私域的四个场景——朋友圈、社群、直播、私聊——分别应该如何做成交系统。

这部分的篇幅比较长，但非常重要。在实战中，这四个场景并不割裂，而是有机结合。比如做一场大活动就可能四个场景全部涉及，会有直播场景，也会拉社群，朋友圈会造势，在截止前可能还会主动跟打上了特定标签的高意向用户私聊一波。

我们在私域做成交，需要结合不同场景下的特点，朋友圈的碎碎念，社群的互动参与和从众效应，直播的多维度感官刺激以及实施强互动，还有一对一的私聊，千人千面。如果把这些场景有机结合，发挥各自的优势和特点，你的私域运营力将会非常强悍。

精细化运营四件套

精细化运营四件套，是私域运营"4+4"冰山模型中，你看不到的四个模块。

私域运营的一切都是为了成交，前面我们结合私域的四大成交场景，讲了四个成交系统，那么我们如何来为这四大成交场景做支持，甚至如何为整个私域运营来做全盘的支持呢？

这里就要讲到运营力的精细化运营四件套。四个精细化运营体系，支撑四个成交运营系统，这四个体系分别是：

功能账号

客户标签

账号资产

私域团队

一个城市，地面上的房子很重要，地下的各种基础设施，以及这座城市政府的治理体系等你看不见的部分也很重要。**罗马不是一日建成的，但可能因为地基不稳而毁于一旦。**

功能账号精细化运营体系

前面我们讲到IP矩阵的时候，说过内容大IP和品牌小IP的各种矩阵，不过那个是站在更高维度的品牌层面，讲我们应该如何搭建IP和品牌的矩阵。而这里讲的功能账号精细化运营体系，是站在更落地的层面，为客户规划一个转化和留存的功能微信号矩阵。

以下是一个完全版本的功能账号矩阵地图：

普通用户——IP号

意向用户——成交号

付费用户——会员号

代理用户——代理号

不同的号负责留存不同阶段的客户。下面我们一个个来捋一下。

IP号，也就是内容大IP的号，经营目的主要是提升格调、营造人设。 可以有适度的销售内容，但不宜过多。主要运营目的是AIDTDA成交六要素中的激发欲望和建立信任这两个步骤。

那么有意向的客户应该怎么办呢？如果是低单价的，可能就直接通过朋友圈或者聊几句转化了，但如果是高单价，这个时候，IP号就要做隔离，要把客户拉群引入成交号。

成交号，顾名思义，目标就是成交。 为什么有了IP号，还要有成交号呢？这种关系类似明星和经纪人，或者医生和收费处收费员的关系。一般来说，这种高人设的IP不太适合直接谈钱，更不适合讨价还价，会拉低IP的属性。另外，IP本身也很忙，参与到这些琐事当中没有意义（超高单价有时候还是需要IP出面）。

所以，我们在私域做高单价的成交时，一般都需要一个成交号来辅助。我也加入过很多私董会，每次加入，都是跟IP说有兴趣，然后IP就会拉个群，把一堆人拉进来，其中有个是IP的合伙人，来负责后续的跟进付款、订合同、开发票等操作。这就是成交号的功能和目的。

成交号可以发很多强销售类型的朋友圈，因为本身过来的都是高意向客户，哪怕用户删除也没关系，一般用户是不会删除IP号的。

客户成交了之后，就会到下一个——

会员号，目的主要是服务会员，通过服务来提升复购率。如果很多会员需要定期跟进，那么服务方面专门用一个账号会更合适。这个会员号应该是强服务的类型，把服务、履约做好，从而提升复购率。私域创富圈的"创哥"就是一个会员号，它的朋友圈都是会员服务相关的信息。

而当一个私域发展了不少代理，这个时候还可以做一个代理号。

代理号，主要是针对代理经销商、合伙人等。代理号的目的是管理代理，或者为代理提供朋友圈素材等。

以上就是一个相对比较全面的功能账号精细化运营体系。在实际操作中可能没有那么多分类，甚至对于小团队而言，一个IP号搞定一切都有可能，这里只是举一个案例，大家后续还是要结合自身的商业模式，来构建自己的私域功能账号体系，把不同等级的客户沉淀到不同的账号，实现更精细化的运营。

客户标签精细化运营体系

讲了不同功能账号的精细化，接下来讲一讲单个微信号应该如何给客户打标签。

私域运营的精髓，就是针对不同的客户提供不同的话术以及运营策略。我曾看到有做私域的团队，为了搞定大客户，单独为一个客户建了一个标签，这个标签就一个客户。然后发的朋友圈也是为这个客户定制，从而促使客户成交。在这个部分的体系中，我们应该怎样做客户标签的精细化运营呢？

首先，一个重要的原则，就是客户标签需要全团队共同制定、共同使用。不能说我有5个做私域的运营，每个运营都是不一样的标签命名方式。这样的话会非常混乱，一旦一名运营离职，那么他之前做的所有工作都白费。

一定要做到，一个人维护的微信号在他离职后，接手的另外一个运营依然可以快速上手，知道他的客户标签运营逻辑，不要产生太多的交接成本。

所以，一个团队一定要统一起来。我的团队中做客户标签运营，都是团队一起开会，定好大概的标签名字、颗粒度，以及什么情况下应该运营。制定的时候一定要考虑全面、长远，因为定了之后就不好改了。

接下来，还有一个很有意思的小细节，这个细节是关于微信的备注和标签。一个客户的备注最多十几个字，超过了就不能保存，但备注的好处就是每次聊天都很直观，不好之处就是不能批量进行修改，只能一个个改。

标签则可以同时打多个，另外还可以通过群聊导入，通信录批量添加，坏处就是聊天的时候不够直观，而且在电脑版上不便查看。

这时候我一般会把最重要的信息，譬如对方的姓名用来做备注，称呼的时候不至于叫错，而且如果对方改了微信名，也不至于找不到；而其他的信息一般都是打标签就足矣。

接下来，简单说说我们给客户加标签的几个逻辑。

第一个大逻辑，是按照用户的付费属性来打标签。比如刚刚提到的普通用户、意向用户、付费用户（可继续细分出复购用户）和代理用户。既可以通过沉淀到不同功能账号的方式来区分，还可以都留存在一个号上，用标签的方式来做精细化运营。

第二个大逻辑，是按照用户的画像来打标签。这个画像最好跟团队内部使用的不同人群的话术有关。

举个例子，报名私域创富圈的学员可以分为四类人，第一类是企业主，第二类是IP，第三类是操盘手，第四类是想往私域发展的打工人。针对他们分别有不同的沟通话术，那么在标签分类上也按照这个模式来打，会非常便于后续的私域运营。不过不同企业的付费用户画像不一样，你可以参考借鉴。

第三个大逻辑，是按照时间来分类。 比如用户加你好友的时间，或者用户第一次下单的时间等。比如用户的付费批次是创始会员还是第二批，这样根据时间来分类可以有一个便捷操作，如果我们把会员拉群了，就可以通过群聊导入标签的方式，快速批量给一批人打上标签。

第四个大逻辑，是按照地区来分类。 这个比较适合有线下业务同时又是全国连锁的团队。

类似的逻辑还有很多。总之，我建议你打标签之前，一定要在团队内部开一次会，讨论这些标签应该如何打，应该有哪些标签的维度，后续应该怎么结合标签做更加精细化的运营，以及是否需要通过标签来主动私聊用户等。

最后，关于打标签这件事，我有两个小建议。

第一是如果决定要打标签，那么你千万不要开会分工完，通知大家开始打，就放养团队不管了，你一定要有质检的流程和制度。虽然打标签对我们的销售管理无比重要，但又是一个很细致也很累的重复性劳动。如果没有团队内相互检查的机制和相应的惩罚机制，大部分的销售都不会完全按照要求来打标签。

第二是如果是要群发消息的标签，每个标签项下的人不超过200个比较合适，这样在群发的时候效率会非常高。

账号资产精细化运营体系

做私域资产就像盖房，罗马不是一日建成的，却可以毁于一旦。

"毁于一旦"绝对不是危言耸听，如果你的账号资产没有做到精细化运营，那么你的私域资产在员工日常使用或者离职交接的时候，很有可能会产生资产流失的大问题。对于私域资产而言，这无异于被抄家。在我的身边，一个做私域3年多的操盘手就亲身经历过这样一次血淋淋的教训，员工离职带走账号，公司承担了很大的损失。

那么应该怎么做好私域微信账号的管理呢？一定要做好下面这五个关键步骤：

1——起号

2——养号

3——用号

4——盘号

5——还号

我分别来讲一讲。

步骤一，起号。就是怎么去注册微信号。目前市面上大多数团队、公司运营私域，都是让员工来提供注册要素的。这里千万要注意，一定要跟员工做好约定，如果员工离职，其注册的账号属于公司而不属于员工个人，这是一个核心要点。

上面的那个案例，就是公司没有跟员工提前约定好，而在员工离职的时候又忽略了这个细节，员工想当然地以为这就是我的，于是直接带走，等到发现问题的时候，员工已经离职了几个月，公司根本联系不上了，而员工自己把这个号卖给其他公司，还小挣了一笔。

这项工作一定要做好。我知道很多大公司做私域，都会跟员工签协议，提前做好约定。

步骤二，养号。每个微信号根据注册时间、活跃度、微信支付、刷朋友圈等各种行为，都对应了不同的账号等级和权重，不同的等级对应的添加好友、被添加还有私聊或者发圈方面都有不同的限制。总的来说，老号的权重等级高，每天主动加人、被动加人的限额会更高，而且不容易被封号；新号权重低，稍微做点事情加加人，就容易被提示有风险、限制功能，或者直接被封禁。

在"加微力"一章谈到选择个人微信还是企业微信的问题时，我已经对微信团队的想法，以及微信为什么要做企业微信做了很详细的分析。

不管是个人微信还是企业微信，我们都需要通过养号来提升微信号的权重，从而降低私域资产的风险。那么如何养号呢?

养号的核心逻辑，就是把自己模拟为一个正常的用户，把正常人会做的一切举动都做一遍。包括加好友、发消息、加群、微信步数、微信支付、发朋友圈、刷朋友圈、给朋友点赞等等。

据我了解，目前做私域的大公司基本上都会有一个养号的团队来做养号。那么具体他们是如何养号的呢？

我会在会员群分享养号SOP（Standard Operation Procedure，标准作业程序）的文档。只要跟着SOP来走，跟着养号的核心逻辑来走，基本没太大问题。

步骤三，用号。一般来说，比较大规模的团队都是起号、养号是一个团队，用号的人是另外一个团队，这个非常重要，因为起号、养号大概一个月就能产出，而且做的事情相对比较机械，比较适合全职管理+兼职执行。

把号养好之后，交付给需要使用的团队，并且做日常账号的管理。当私域团队有需求的时候，就跟养号团队提需求。这里作为操盘手，需要制定好公司内部用号的SOP，比如私域团队如何提需求，如何交接账号，SIM卡和手机谁来采购，谁来负责日常话费充值，如果没有做到位会有什么惩罚等，都要抓仔细了。

步骤四，盘号。在账号使用期间，我们要对私域微信号做日常的盘点，就像盘点企业固定资产一样，每个月或者每个季度要对私域资产进行检查。比如要查清楚，号还在不在对应登记的使用者手中，每个号有多少好友，聊天记录是否需要定期备份，对客户打标签是否有按照要求执行……

定期盘号对于私域运营来说非常有必要，但是据了解，现在能够做到定期盘点微信号的团队不到20%。不少团队的私域资产流失，其实老板都不知道。所以如果你是老板，也有不少私域资产，建议回去把账号资产精细化运营这五个步骤都搞起来。而第五个步骤是一个重要细节——

步骤五，还号。在员工面临岗位调整或者离职交接时，就要涉及还号了。跟前面的用号、盘号的规则一样，还是要定好SOP，然后不同的人一起来执行，确保账号的交接顺利完成。

这里就不赘述，只说一个细节：在有能力的前提下，建议起号、养号、盘号、还号的团队跟日常使用号的团队最好分开，这样可以更好地实施监督。

总之，私域账号资产管理就是五个关键节点：起号、养号、用号、盘号和还号。这几件事情虽然小，而且看上去没什么技术含量，但是如果没做好，会有很大的损失。

私域团队精细化运营体系

如果到了私域团队的精细化运营这一步，我们有几个假设。

第一个假设是私域的闭环已经跑通。不仅产品符合PMF，运营也有SOP，可以顺利转化，并且一个私域运营所产生的毛利能够覆盖其人员工资和综合成本，公司还有一定的利润空间。

第二个假设是能够持续稳定获得流量，团队也找到了不错的私域操盘手或者运营负责人，私域团队有比较明确的扩张诉求。那么这时候就要做私域团队的精细化运营，也就是私域团队组织能力的提升。提升的目标，是在团队扩张的情况下，每个私域人员所产生的人效能够保持稳定并且不断提升。

这里的"人效"，一般指的是每个人每个月产生的销售额。比如一个私域团队100人，每个月产出1000万元的GMV（Gross Merchandise Volume，商品交易总额），那么我们可以说这个团队的人效是10万元。

注意，这里的10万元其实是一个比较高的数字。一般来说，一个产品毛利在20%~50%，也就意味着每个人有2万~5万元的毛利。这个人成本可能是一个月1万元，那么每多一个人，老板就能够多挣1万~4万元。这是很多老板思考业务的逻辑。

在人员增多的情况下，如果不做精细化运营，人效大概率是会下降的，因为人多一定会带来熵增，组织会产生内耗。那么对所有私域的所有者来说，需要做的就是通过团队的精细化运营，提升组织能力，人效才能够不降反增。

说到组织能力，我的公司人数在最高峰时，有将近600人，每个月成本1300万元，展开来说的话，又是一个庞大的课题，这里我重点阐述一个比较落地且核心的部分：私域团队的"选用育留"。分别包含面试、培训、日常工作、运营辅助和激励考核这五个模块。

模块一：面试。
接下来讲的私域运营，更多是销售导向，而不是交付导向，本章节以成交为主。一名优秀的私域销售运营，需要具备以下三大特点。

1. 强烈的赚钱欲望
2. 心态自信且抗压
3. 持续学习有悟性

第一点，强烈的赚钱欲望。
一般来说，私域运营都是低底薪、高提成。因为销售导向的私域运营，是公司强劲现金流的唯一承担者，所以这种人必须具备强烈的赚钱欲望，这样他的风险更高，但是赚钱欲望强烈，一定会紧盯业绩目标，做得好他的个人收入会更高。

第二点，心态自信且抗压。
一个优秀的销售人员，自信是最基本的特性，它可能看不见、摸不着，但是确确实实存在。自信的销售人员讲的任何东西都有感染力，也更容易打动客户，从而让客户成交。另外，销售岗位的业绩压力是很大的，而且组与组之间、人与人之间都有很强的竞争，甚至有各种PK，末位淘汰，如果不能适应这种压力机制，不仅浪费招聘和培养成本，还会在团队中传播负面能量，影响士气。

第三点，持续学习且有悟性。
不仅要学习产品的自身卖点，还要能够快速领悟客户的需求，并且想办法来搞定客户，客户问一个问题，就能够知道客户的顾虑是什么，以及从日常学习积累中，找到对应的回答来搞定客户，最后成交。

针对这三点，我在此分享我公司平时在面试销售中会问的几个问题，供参考。

1. 家庭背景如何？求学求职等关键阶段的关键选择是什么，为什么会做这个选择？为什么从上家公司离职？自己做过的最自豪的事情是什么？

这种问题我称之为"生命长河"。注意，一个人的经历不会说谎。聊他的故事，看他生命长河的流动。不断追问，问细节，问选择背后的原因，可以判断出候选人的品质和底层驱动代码，他是否足够有赚钱欲望、足够有自驱力。

2. 未来两年的职业规划，未来五年、十年的梦想是什么？

上一个问题是问过去，这个问题是问未来，职业规划与岗位是否匹配，会不会长期待在公司，都可以从这个问题的回答中得知。

3. 你曾经吃过的最大的苦是什么？

阿里原CEO卫哲的课程曾提到，这是阿里招人经常问的一个问题，以此来判断赚钱欲望、判断抗压性。阿里招销售特别喜欢招"苦大仇深"的人：苦大是不怕吃苦，从小吃尽了苦，再多再难的苦，都能咽下；仇深是害怕吃苦，从小吃尽了苦，穷过饿过怕过，渴望成功。

4. 你认为销售岗位上真正优秀的人，是什么样的？

这里可以看出来，候选人是否具备持续学习的能力，以及是否具备悟性，学习改变的前提，是知道优秀的标准是什么样的，自己距离优秀还有多大距离。

其他问题还有：

5. 你过去岗位中，进步最快的一段时间是什么时候？

6. 在做销售的过程中，最难搞定的一个客户是什么样子？最后是怎么搞定的？

7. 收入最高的一个月是什么情况，挣了多少，赚的钱用来干吗了？

8. 你最喜欢的销售领导是什么画像，需要具备哪些特点？

9. 自己的微信有多少好友？会不会发圈？用得最多的表情有哪些？

…………

我们从销售回答问题的状态，能判断出对方是否是一个自信的人。如果对方面试不能打动你，不能把自己销售给你，那你也不要幻想他可以打动客户。

另外，面试私域场景的销售，还可以加一下对方的微信，通过朋友圈、微信日常聊天的调性，来判断对方气质是否匹配，是否适合用微信私域来做销售。

接下来讲一下培训。

模块二：培训。

培训一般分为多种，一种是公司价值观、日常管理规定的培训，这里就不展开叙述了。第二种就是业务培训，这里一般分为三个板块，分别是产品知识、客群认知、销售步骤。

第一、第二个板块是基础，比如说产品是什么、客户是谁、价格、促销策略有哪些，客户需求是什么样子，不同客户一般适合哪些产品，会有哪些问题等，不做过多解释。

第三个板块就是销售步骤，一般会结合业务来讲我们怎么引流，客户从哪里来，怎么破冰，怎么构建信任度，怎么在最后成单、关单，每个步骤有哪些地方应该注意，有什么销售技巧等。

做完培训后，就进入第三步——日常工作，也就是带销售。

模块三：日常工作。

从完成上一步业务培训后，我们日常带新人有一个阿里铁军的口诀，用四个步骤快速让新人融入，叫：我做你看，我说你听，你做我看，你说我听。

第一步，我做你看。

首先给新人安排一个老员工带着，新人先观察老员工的工作内容，有问题先记录下来。注意，为了让老员工认真带新人，可以设置一些利益绑定或惩罚，比如，让老员工带新人比赛，如果自己的徒弟业绩靠前，师父有更多额外的奖励；或者是老员工要想晋升，需要培养几个优秀的徒弟；等等。

第二步，我说你听。

第一阶段过后，徒弟会有很多问题，然后老员工将每个动作的前因后果，详细地解释给徒弟，同时徒弟向师父提问，保证自己彻底了解了每个销售步骤。

第三步，你做我看。

这个阶段之后，我们会让内部人员模拟客户，或者给徒弟一些比较一般的客户，让徒弟上手，甚至还会模拟各种极端场景，来检查徒弟的学习成果。

第四步：你说我听。

这个阶段主要是为了加深徒弟记忆，巩固学习成果。让徒弟模拟老师教一遍，就是最好的学习。

以上是让刚入职的私域销售快速上岗的办法。

另外，日常带销售，还需要不断开晨会、晚会，组织销售冠军做分享，结合每个人的转化率来针对性检查，还有一对一谈心等方式，让销售持续保持好的状态，这里就不展开叙述了。

下一个关键点，是销售团队的运营辅助。

模块四：运营辅助。

一支规模化的私域销售团队，一定要以销售负责人为第一责任人，在内部设置三个团队来做好这三项工作，成员可以是销售全职，也可以是优秀的兼职。

第一项工作是质检。 比如，我们要求销售在某一天应该发3条朋友圈，但要知道销售到底发了没有，就需要我们建立检查的机制。

质检需要常规化、流程化，会增加一定的工作量，但是对销售非常必要，可以通过相互检查、抽查的方式，并设立奖惩制度来实现。

第二项工作是培训。 带团队特别是销售团队，培训非常重要，如新人培训、新产品培训、新的SOP培训，以及各项能力培训等等。

第三项工作就是SOP优化。 销售负责人自己要对销售有理解，并且需要通过内部结合数据、激发销售冠军、外部学习其他团队优秀经验等方法，不断优化销售的SOP和话术，甚至可以专门组织一支团队来做优化。

质检、培训、SOP话术优化，这三项对于打造一支私域销售王牌团队，都是极其必要的。接下来，我们来讲讲激励考核。

模块五：激励考核。

对于销售导向的私域团队激励政策而制定，在整个团队的运作中必不可少，甚至如果这块没有搞好，再优秀的团队也会表现不佳。

总体而言，激励考核分为四个部分，分别是：

提成部分
晋升部分
荣誉部分
淘汰部分

首先是销售提成。提成应该是大部分私域销售团队的标配，而且很多团队是累进比例的销售提成制，业绩越高，提成比例越高，以最大程度激发销售的狼性。

其次是小组奖金包，一些优秀的销售如果承担了培训、SOP优化、质检等兼职，还可以设置跟小组整体产出或者比率相结合的奖金，从而让质检、培训和SOP优化等相关工作更好地进行。

除此之外，还有额外奖金或惩罚。通过设置目标对赌，也就是达成某个目标就增减奖金。或者小组竞赛，三四个团队谁出单最多有奖励。以这种设置共同目标或者共同敌人的方式，来增加小组成员的凝聚力，提升团队士气。

少部分团队不设置提成制，**一般会采用晋升制**。

这种团队的销售会更稳定，流动性更有保障，另外也可以建立更明确的职业发展通道，成为销售组长或者成为SOP策略组长，让大家有目标、有奔头。

接下来是**荣誉，包括小组荣誉和个人荣誉**。这种奖励有的时候效果甚至会超过物质激励，比如最佳团队奖、最佳业绩团队等，这里举一些例子，供大家参考：

大红花奖：最佳新员工

小蜜蜂奖：出勤天数最多者

超人奖：综合评分最高者

林妹妹奖：一年中请病假较多者

莫名其妙奖：全年无考勤最多者

日理万机奖：一年中请事假较多者

财神奖：最佳销售

雷锋奖：最乐于助人者

逆袭奖：难得进步，鼓励一下

披星戴月奖：最勤奋的人

天降馅饼奖：不是人人都有的

接下来是最后一个，**销售的淘汰**。这里有一个阿里非常有名的"271法则"。

通常情况下，10个人的销售团队，可以根据相关的业绩或者表现分为三种：最拔尖的2个人，表现中游的7个人，以及表现最差的1个人。我们重赏前面的2，给他们荣誉、奖金、晋升；然后对末尾的1进行沟通辅导，如果多次排名倒数的话，需要尽快做决定，判断其是否适合继续待在团队中。

每个精细化运营体系，都离不开一些核心的逻辑和抓手。当把握好这些要点后，你就可以快速搭建一个80分以上的精细化运营模块。

私域是一项极其复杂的工程，四个板块的精细化运营体系，更像是这座私域城市的地基、排水、供电系统，支撑着所有私域活动的正常运转。

运营力评价标准及对应案例

回顾

运营能力，指的是通过人工串联所有要素，从而成交客户和实现精细化运营客户的能力。

不同互联网时代，大家对运营的思考模型也不一样，私域运营力的起点就是关键的留存率，也就是对应的RARRA模型。不管怎么样，先把用户留在微信再说。

私域场景下的运营，本质上一切都是为了成交。通俗来讲，在私域做成交需要四个步骤：

钩子加微信

发圈建信任

活动造势能

私聊促成交

做成交其实就是回答客户三个没有问出来的问题，所谓客户灵魂三问：

我为什么要买？

我为什么要买你的产品？

我为什么现在就要买？

为了回答这三个问题，有一个固定的公式，叫AIDTDA，即"爱嘀嗒成交六要素"，分别是：

A——Attention，吸引潜在客户的注意

I——Interest，引起客户的兴趣

D——Desire，激发客户的需求欲望

T——Trust，赢得客户的信任

D——Dissent，解答客户的异议

A——Action，引导客户的付费动作

前三步是解答客户"为什么要买"的问题，也就是客户为什么有这个需求。

第四和第五步是解答客户"为什么要买你的"的问题：我这个产品为什么可以满足你的需求？同时在这一步当中，可以多用FABG的原则。

AIDTDA六要素的最后一步，是回答客户的第三问，即"我为什么现在就要下单"。

为了让大家能够在私域对客户实现低成本高人效的长期成交，我针对私域的运营，提出了"4+4"冰山模型。冰山上部有四个成交模型，分别是朋友圈成交、社群成交、直播成交和私聊成交。

这四个成交模型其实主要是结合不同场景的特点来做成交，贯穿始终的还是AIDTDA六要素。

朋友圈的IP属性强，特别适合碎碎念，把自己的日常同步出来。所以我们可以很好地借助朋友圈来造势，把朋友圈分为成交节点型朋友圈、日常销售型朋友圈和关系维系型朋友圈，在不同的阶段，采用不同的发圈类型。

发圈可以参考麦肯锡信任公式：信任=（资质能力×可靠性×亲密度）/自我取向。

社群有三大特点，分别是用户精准、互动参与深，以及群成员有从众效应，所

以特别适合来做批量成交。像红包、接龙，都是很好的销售工具；倒计时、告诉用户库存不够，也是很好的逼单方法。

直播的特点是多维度感官刺激，特别是有很强的实时互动。在使用AIDTDA六要素的同时，要做好直播间的装修。选好主播，把主播状态调整好。另外直播间的话术要提前打磨。最后，直播间的促销必不可少，制造稀缺感、紧迫感是促单神话术。

私聊最大的特点就是一对一。你可以最大化地调动起潜在客户的注意力，并且针对单个客户的需求来实施AIDTDA的成交步骤。

冰山上部是四大成交系统，冰山下部则是四个精细化运营体系，分别是功能账号、客户标签、账号资产和私域团队。

功能账号是精细化运营的开始，即通过微信号做用户分层和针对性运营，一般分为IP号、成交号、会员号和代理号。

客户标签的运营，就是持续不断地给客户打标签。有一个重要的原则是，客户标签运营的方案需要全团队共同制定，并且遵循共同的规范使用。可以根据客户的付费属性打标签，比如分为普通客户、意向客户、付费客户、复购客户、代理客户；还可以从客户的画像、购买批次、所在地区等维度来定标签的分类。

账号资产精细化运营，是很基础但很容易被忽视并且可能带来毁灭性事故的必备运营体系。做好这五个关键步骤，你的私域资产账号就基本不会出账号丢失的大问题：

1. 起号
2. 养号
3. 用号
4. 盘号
5. 还号

最后一个运营体系，是私域团队精细化运营体系。当你跑通了产品和私域的闭环，打算开始扩张私域团队的时候，要做到人效不降反增，那重点就是私域人才的"选用育留"。需要做好这五项——面试、培训、日常工作、运营辅助和激励考核，你的私域团队组织能力才算基本合格。

以上就是私域资产运营力的主要内容。私域的本质是长远而忠诚的客户关系，私域运营就是为了成交，为了能够持续成交，为了能够长期成交客户，以及通过口碑裂变成交更多的客户。

接下来，我做了自己的运营力文档地图，给大家展示一下：

厂长的运营文档地图——
《肖厂长个人号私聊成交话术SOP》
《肖厂长朋友圈成交SOP》
《肖厂长社群成交SOP》
《肖厂长直播成交SOP》
《肖厂长账号资产管理SOP》
《肖厂长客户标签管理SOP》
《肖厂长私域团队管理SOP》

每个公司做运营，都不外乎是把这些SOP制定好，并且根据业务变化，做好PDCA循环，不断优化调整，再根据人员扩张执行到位。

运营力评价标准

1分运营力：没有成交闭环。

这个阶段甚至可能都没有产品，或者有产品，但是不知道如何卖给客户，甚至IP都还没有做好心理建设，没有克服自己卖东西的心理魔障。

2分运营力：初步跑通成交闭环。

在这个阶段，IP已经克服了心理障碍，开始在朋友圈卖东西，而且有成单后，还是卖得很硬，没有转化的思路，也没有任何转化技巧。比如只会在朋友圈发产品介绍，不懂如何运用AIDTDA不断造势来进行销售，也没有对客户做精细化运营。

2分与1分的区别是在私域有成交。

3分运营力：成熟跑通成交闭环。

到3分后，私域团队已经懂得如何运用AIDTDA的法则，并且结合各种私域场景来做成交，能够实现每个月10万元以上或者数百单的销售，可以持续养得起1个全职运营来专门做私域转化。

3分与2分的区别，是可以持续转化，并且养得起一名全职运营。

4分运营力：小规模的稳定私域团队。

到4分之后，私域团队已经有了数人甚至数十人的规模，并且营收能够支撑得起这些人的开支。同时，精细化运营的体系初步建立，会做客户标签、账号资产和私域团队的精细化运营。

4分与3分的区别，是具备了一支小规模的私域销售团队，有明确的团队领导者和汇报关系，并且开始做各种精细化运营。

5分运营力：规模化的稳定私域团队。

能达到5分运营力的，一般都是成熟的中等或大型公司了。私域团队一般是百人起，甚至有数百人、上千人，并且有工业化大规模获客和转化的能力。各种运营也非常精细，销售团队内部也分多组不断PK。

5分与4分的区别，是有一支规模化的大私域团队，能够大规模、工业化地运营私域，比如跟谁学、禾葡兰、猿辅导、完美日记等。

按照运营力的1~5分标准，你现在属于哪个阶段呢？

后记

1.

在写《私域资产》之前,我给这本书定了两个目标:

第一,要成为做私域的"教科书"。

第二,要成为一本不仅"畅销",而且还"长销",卖5~10年依然在畅销的书。

这是一个非常高的目标,但对一名连续创业者而言,没有挑战的目标,是不值得全力以赴去实现的。

为了达到这个目标,我读完了大量短期内卖得不错的畅销书,又读了许多能够卖20年、50年甚至100年的长销书,得出一个结论:

要想成为一个领域内长销的教科书,最重要的一个点就是底层框架。

1949年,约瑟夫·坎贝尔的《千面英雄》当中提出,英雄必经14个阶段;

1960年,杰罗姆·麦卡锡的《基础营销学》提出经典的4P模型;

1967年,菲利普·科特勒的《营销管理:分析、计划、执行和控制》进一步确认4P模型;

1980年,艾·里斯的《定位》提出了三个经典的定位模型;

…………

因为热点会变,风口会变。但底层框架、底层逻辑、底层方法长期不变。

正如爱因斯坦的相对论,问世距今已100多年;牛顿《自然哲学的数学原理》提出了三大定律,问世距今已300多年;欧几里得的原点级数学经典著作《几何原本》，问世距今2000多年……这些经典的作品至今依然长销。

带着这样一个关键认知，我开始打磨做私域的框架，提出了本书的核心框架：私域五力模型。

全书围绕私域五力模型展开，并且为了做到"科学做私域"口号，对每种能力，我都跟团队以及大量私域大咖讨论，设置了清晰的评分标准，从而让你可以对自己或团队的能力做"定量"评价。

如果你看完本书，在思考自己应该如何做私域的时候，能够在脑海中自动用"私域五力模型"的底层框架来思考，那么我会十分欣慰，因为你学会了本书的框架，掌握了打造私域资产的"工程师思维"。

这也是我写本书的最大目的：帮助你少走弯路，科学创造私域资产。

2.

《私域资产》是我写的第二本书。

第一本是我11次创业经历的合集，叫《肖逸群的创业手记》，如果你对我的11次创业经历感兴趣，可以在京东或者当当上找到。

前10次创业经历，大部分都是失败的。甚至在这次，也就是第11次创业前，我经历了6次连续的失败，以至于我一度怀疑自己是不是创业的料，是不是这辈子注定就这样了。

直到7年前，我开始了新的一段旅程，投入到微信生态，用私域开启了我新一轮的创业。

我是幸运的，因为我发现了一条作为理科生特别擅长的赛道：做私域。经过7年的时间，我从只有300个微信好友，快速做到了3000万人的私域资产，公司一年在私域变现6.3亿元。

我全部的经历以及做到的方法论，在本书的前言和正文部分，都讲得非常仔细了。

如果要说，在经历那么多次创业后，让我感触最深的认知，那就是：创始人一定要做个人IP。

这也是我现在正在做的事，而且，我越做越认可这个观点。

我从2020年6月25日开始做我的个人IP，当天发布了第一条短视频。

到目前为止，我在全网涨了近百万粉丝，个人私域变现800多万元。

之所以要做视频号、做个人IP，原因有很多，包括个人能力突破、公司业务需要等等，但最重要的一个原因是：危机感。

作为一名连续创业者，我在此次创业前经历过6次连续创业失败。即便此次创业把星辰教育和轻课做到了一定规模，也还是无时无刻不面临着激烈的竞争，以及各种黑天鹅。

很多人都知道我孵化了不少成功的项目——英语麦克风、潘多拉英语、极光单词、趣课多等，觉得我们很厉害。但他们不知道的是——过去五年，我和团队内部总共孵化过20多个项目，成功的屈指可数，80%都失败了。

每每回顾自己的创业历程，都感觉真凶险："如果当时不做某个项目，公司估计就没了……"

创业是一件极大风险换极大收益的事情。哪怕你是连续创业者，你都不能保证你做事情就一定成功，保证接下来十年都能一直在牌桌上。

2020年，我的很多创业朋友，特别是做线下业务的，都遭遇了毁灭性打击。有个关系很好的创始人做幼儿园线下教育，雄心勃勃，发展迅猛，每年挣了钱都不分红，都投在线下校区的扩建上。

但是，他千算万算没算到疫情这只黑天鹅。

结果，线下无法复课，资金流断裂。这位创始人没日没夜干了五年，最后公司债转股，自己净身出户，就这样离开了自己辛勤奋斗五年的公司……

我跟我的投资人交流，他说这还算幸运的。不少创始人都因为这次疫情背上了巨额债务，他们只是没发声，隐忍着承担这一切。

在创业的巨大风险面前，有很多悲情故事，但也不乏绝处逢生。我一直在默默关注罗永浩老师的创业旅程。

2019年，锤子手机经历重大危机，罗永浩原本可以宣告破产，但还是以一己之力，扛下了6亿元的巨额负债。我打心底为他捏了把汗：这可是6亿元啊，他能还债能翻身吗？

当时我自己也遭遇了一段时间的低潮期。

相信每一名创业者都有过这种感受吧：在两三个月内，甚至半年时间内，每天看着业务没能往上增长，甚至陷入死胡同的时候，都会无比焦虑、痛苦、无助。

更别说罗老师面对公司破产。相信那段时间，罗老师的日子是灰色的。

就在我觉得已经无力回天之时，一篇"10w+"的文章刷屏，让无数人眼前一亮——罗永浩宣布进军直播带货赛道。

再到后来，罗永浩老师与字节跳动成功签约，并且终于宣布，自己已偿还大部分债务！

这是一场所有人都亲眼见证的鲜活励志故事……而罗永浩老师就是靠着连续经营了十多年的个人品牌，得以在困境中顺利翻身！

老罗的励志故事，除了让我感动，还让我意识到自己曾犯了很多创业者都犯过的一个错：只管短期数据增长，忽略长期品牌建设。因为长期品牌建设是"重要而不紧急"的事情。

品牌建设包括两个层面——公司品牌和个人品牌，两者相辅相成。创始人的个人品牌可以让公司品牌更有温度，而且，个人品牌还是每个创业者伴随终生的一笔无形资产。

当你陷入低谷、一无所有的时候，只有这块无形资产能让你东山再起、逆风翻盘。正如老罗的凤凰涅槃，绝处逢生。

别人是靠不住的，只能靠自己。自强则万强，这很真实。特别是经历项目起起落落，团队分分合合，合作伙伴来来去去，唯一不会离开我的，就是创始人的IP和私域资产。

短视频和直播时代，进一步放大了个人的势能。客户和创始人的直接链接，正在重塑未来的创业模式。

未来会有一个新词——"IP创始人"，从幕后站到台前的创始人雷军、董明珠、罗永浩、马斯克等，他们用个人IP放大商业模式，为自己的产品代言。

认识到这一点，我坚定地从幕后走向了台前，做起了我的个人IP。

3.

在过去7年的创业历程中，我深刻感受到，创始人是孤独的。

当我走向台前，做自己的IP和私域时，我再次感受到：虽然我亲自操盘过很多成功的品牌IP和个人IP，但是在自己操盘自己的时候，依然当局者迷，多次陷入困境。

所以在做个人IP的前半年，我和团队走了很多弯路，一直找不到发力点，就像拳头打到了棉花上，每天很忙，即使偶尔会有一些视频成为爆款，但是结果很不理想，团队几乎每周都有人离职，士气也越来越差。

直到后来跟很多IP创始人交流，我才慢慢找到思路，原来是我的IP定位出了问题。

于是我迅速重新定位，把自己的名字从"肖逸群Alex"变更为"私域肖厂长"。从此我的个人IP迅速爆发，一发不可收。

为了让更多的IP创始人能够在做自己IP的道路上有伙伴、不迷路，我专门发起了一个高端社群，叫"恒星社群"。

恒星社群以"IP创始人私域"为主题，现在已集结了一众IP创始人大咖，包括豪车毒老纪、生财有术亦仁、群响刘思毅、网红校长Alex等，感谢他们在社群发起的第一时间就加入，和厂长一路同行。

如果你也是想做IP的创始人，关注自己的私域资产打造，欢迎成为我的微信好友，更欢迎你加入恒星社群。在这里，让我们一起为自己未来五年、十年甚至二十年做准备，做一名长期主义的创始人。

科学做私域，恒心者恒产。欢迎跟我链接。

私域资产

产品经理｜张　越　　执行印制｜梁拥军　　装帧设计｜郑力珲
产品监制｜黄圆苑　　技术编辑｜陈　皮　　策 划 人｜于　桐

图书在版编目（CIP）数据

私域资产 / 肖逸群著. -- 北京：北京联合出版公司, 2022.1
ISBN 978-7-5596-5327-7

Ⅰ.①私… Ⅱ.①肖… Ⅲ.①网络营销 Ⅳ.①F713.365.2

中国版本图书馆CIP数据核字(2021)第276825号

私域资产

作　　者：肖逸群
出 品 人：赵红仕
责任编辑：管　文
封面设计：郑力珲

北京联合出版公司出版
（北京市西城区德外大街83号楼9层　100088）
河北鹏润印刷有限公司印刷　新华书店经销
字数255千字　710毫米×1000毫米　1/16　17印张
2022年1月第1版　2022年1月第1次印刷
ISBN 978-7-5596-5327-7
定价：59.00元

版权所有　侵权必究
未经许可，不得以任何方式复制或抄袭本书部分或全部内容
本书若有质量问题，请与本公司图书销售中心联系调换。电话：021-64386496